対峙力《タイジリョク》

誰にでも堂々と振る舞える
コミュニケーション術

寺田有希《テラダユキ》

CONFIDENT
COMMUNICATION

YUKI TERADA

CROSSMEDIA PUBLISHING

失敗したくない

嫌われたくない

気に入られたい

評価されたい

そう思えば思うほど、なぜかうまく話せない……。
そんな経験、ありませんか。

この本では、私が試行錯誤の中で見つけた

〝誰にでも堂々と向き合えるようになる〟
コミュニケーションのコツをお伝えします。

実は私も、根は小心者で人見知りです。
でも、MCのお仕事を始め、試行錯誤を繰り返すうちに、
誰とでも臆せず話せるようになってきました。

自信がなくても、度胸がなくても、人見知りでも、大丈夫。
工夫次第でコミュニケーションはうまくいきます。

人と出会い、本気で向き合うことは
自分の可能性を広げてくれると、私は強く実感しています。
この本が、あなたの未来の可能性を広げていく
きっかけになれたなら、とても嬉しく思います。

はじめに
「自分なりの武器」を手にすれば、誰とでも対峙できる

「寺田さんは大物相手によくスラスラ喋れますね。怖くないんですか？」

まさかそんなふうに言われる日がくるなんて、夢にも思いませんでした。

だって、本来の私は人目ばかりを気にする小心者で、人見知りだからです。

それがいまは、「**いつ、誰と話すことになっても大丈夫**」と自信を持つことができています。

はじめまして、寺田有希です。

2004年に芸能界にデビューし、9年前にフリーランスになってからは自らを

「ベンチャー女優」と称し、女優として活動しています。また歌手として、2018年に作詞・作曲もしたストリートラグビー公式応援ソング『さあ　いこう』で、日本コロムビアよりメジャーデビューしたりと、マルチに活動しています。

また女優業の傍ら、堀江貴文さんのYouTube番組『ホリエモンチャンネル』やメンズファッションを紹介するYouTube番組『B.R.CHANNEL Fashion College』等でMCを務め、日々たくさんの方々と向き合ってきました。

すると最近、「誰とでも堂々と話せていて羨ましいです」「どうしたら寺田さんみたいに、大物とも『対峙』できるようになれますか？」と言われるようになって驚きました。**「あの堀江さんにも臆せず話していて、スゴイです。まるで猛獣使いですね」**と言われたこともあります（笑）。

ですが私は別に、「大物相手ともうまく話せるようになろう」と思ってきたわけではありません。

私が誰とでも自信を持って話せるのは、フリーになってから、「出会う人みんなと、うまくコミュニケーションをとれるようになろう」と意識してきたからだと思います。

子どものときからキラキラした世界に憧れていた私は、15歳で芸能界に入りました。ところが、22歳のときに所属していた大手芸能事務所をクビになり、フリーの女優に転身せざるを得なくなります。

フリーになると、それまであった事務所のネームバリューやマネージャーさんのバックアップはありません。自分の力で生き残っていく必要があります。

だから私は、いろいろな人や現場に対して、「どうしたら円滑にコミュニケーションをとれるか」を必死に考え、試行錯誤を重ねてきたんです。

そして堀江さんはじめ、『B.R.CHANNEL』で共演している干場義雅さんや戸賀敬城さんなど、各業界の「大物」と呼ばれる方々とお仕事をご一緒する中で、「自分にはあれも足りない」「これも足りない」という気づきをたくさんいただき、必死に一つずつ身につけようと努力してきました。

その結果、**「誰とでもフラットに向き合える力」**＝**「対峙力」**という武器が、いつの間にか身についていました。

むしろ、そうやって相手を「大物」や、「自分とは違う次元に生きている存在」と線引きしてしまうことこそ、緊張したり萎縮したりしてしまう原因なのだと。いまはそう感じています(ただ、この本ではわかりやすいようにあえて「大物」という言葉を使っています)。

この本を手にとってくださっているあなたにも、対峙力が必要とされる「失敗できない場面」があると思います。

たとえば仕事の会議やプレゼン、面接、営業などの場面かもしれません。

そのとき、上司や取引先、面接官など、あなたが「大物」だと感じる人たちと接することになったら、どんな状態になりそうですか？

「気に入られよう」とか「評価が下がったらどうしよう」と思うあまり、本来の力を発揮できなかったらもったいないですよね。

そうならないように、私がこの9年間、自分自身と向き合い、周りの方々から学び、トライ・アンド・エラーを繰り返して身につけた「対峙力」をお伝えしたいと思います。

人と対峙するために、ほかの場所から借りてきた鎧《よろい》や剣で、武装する必要なんてありません。

そうじゃなくて、まずは自分自身と向き合い、「これなら戦える」という自分の武器（長所）を知ること。そして、相手と場の状況を読んで、その武器を最大限に活かすこと。

それが大事なんです。

この本は、コミュニケーションや会話術を研究した専門家が書いた本ではありません。あくまで女優である私が、自身の経験を元に導き出した方法を記した本です。

ですが、人目ばかりを気にする小心者で人見知りな私が、工夫を重ねることで、「コミュニケーション上手」だと言われるようになれました。その方法をお伝えすることで、「私にもできるかもしれない」と、みなさんの自信と勇気につながると信じています。

「対峙力」を手にすれば、いろいろな人と自信を持って関わっていくことができます。

その中で、あなたが「いまの自分が求められている生き方」に気づき、過去の私が経験したように、いままで想像していなかった「新しい未来」が見えてきたら嬉しく思います。

２０２０年11月

寺田有希

第2章 いつでも必要とされる存在になる ——「仕事」との対峙

第3章 信頼できる自分に変わる ――「自分」との対峙

第4章
自分の可能性を広げる
——「夢」との対峙

終章 対峙力で開ける、新しい未来

序章

対峙力で人生を変える

いつでも堂々と振る舞える。いろいろな人と仲良くなれる。自分だけの価値を発揮できる。そんな力があれば、人生の可能性は広がっていきます。

01
タイジリョク

個の時代を生き抜くためのコミュニケーション力

いまは「個の時代」と言われるように、組織に頼らず、個人の力でいろいろなことにチャレンジできる時代です。

ここ数年でSNSなどが一気に広まり、自分を表現したり、発信したり、誰かとつながったりすることが簡単になりました。

副業が解禁され、フリーランスやパラレルワーカーとして働く人も増えています。私がフリーになった9年前とは社会の状況もガラリと変わりました。組織に属さない働き方はもはや珍しいものではありません。

会社や組織ではなく、個人としての資質が問われる。そんな時代になったからこそ、たくさんの人と円滑にコミュニケーションをとり、人とのつながりの中で自分を成長させ、力を発揮していくことが、ますます重要になってきています。

「あの人に会ってみたいけど、怖いから会いに行けない」
「あの人と仕事しなきゃいけないけど、緊張して実力を発揮できない」

そうなってしまうと、チャンスを掴むことは難しいですよね。

実際、番組のMCをしていると「この人にコミュニケーション能力と本番で実力を発揮できる力があれば、もっと活躍できるのに」と感じる人に出会うことがあります。たとえば『B.R.CHANNEL』では、アパレルショップの店員さんやPR担当の方がゲストとして来てくれるんです。

打ち合わせのとき、その方たちの多くは、洋服のプロならではの視点で「この商品の魅力は○○で……」「いまのトレンドは□□で……」と面白い話をしてくれます。それなのに、「じゃあ、カメラ回します！」と本番に入った瞬間、打ち合わせのときの勢いがなくなり、その場の雰囲気に萎縮してしまうことがあって。

ホリエモンチャンネルでも、よくそういうことが起こります。

事業を始めたばかりの方、起業したての方に多いのですが、本番前に少しお話をしていると、ニコニコと自信満々に、自分の事業やサービスについてお話してくれるんです。でもいざ堀江さんがいらっしゃって本番が始まると、黙ってしまってうまく話せない……。

何度もそういう場面に遭遇してきました。

それは普段から人前で話すことに慣れていなくて、どう振る舞えばいいのかわからなかったり、自分の想像以上に緊張してしまったりするからでしょう。

ただ、自分を売り込んだり商品をＰＲしたりするためには、いつもの実力を発揮できないともったいないと思うんです。

こんなことを言えば、「いやいや、あなたはフリーランスとして生きることを望んでいて、元々コミュニケーション能力をもっていたから、そんな簡単に言えるんでしょ？」と感じる人がいるかもしれませんね。でも、実際はそうじゃありません。根は小心者で人見知りだし、そもそもいまのようにフリーランスで活動していこうなんて微塵も考えていませんでした。フリーになったのは、個の時代に合わせたわけじゃなく、「事務所をクビになったから仕方なく」という理由なだけ。

泣く泣くフリーになったときも、組織に所属したくて、いい事務所はないかと知人に聞きまくったり、何社もの事務所に履歴書を送ったりしていました。

世の中で「個の時代」とか「自由に生きよう」と言われはじめたときも、「そんなこと、いきなり言われてもわからないよ！」と思っていて。でも、堀江さんの話を聞いて「個の時代は確かに来るんだな」と感じたし、「これからの時代はフリーのほうが戦いやすい」と理解できるようになりました。

それからはルールに従ったり、組織に所属したいと思う自分をなんとか鼓舞し続けて、いまの時代を戦いやすいように、自分自身を無理やり近づけているだけなんです。

そんな私がフリーで生き残れているのは、この9年間で「目の前の相手に合わせて臨機応変に話すスキル」が身についたから。

人と接するとき、好き勝手に言いたいことをぶつけても相手には伝わりません。相手に合わせた話し方や言葉を選んで、相手の心に伝わるように話す必要があるからです。

だから、「これをすれば必ず成功する」という、だれにでも通用するコミュニケーションの方法や魔法の言葉があるわけではありません。

たとえば「経営者」と対峙するにしても、人と話すのが好きなのか、そうでないのかは、人それぞれですよね？

だからこそ、私は対峙する相手をよく見て、「この人は話すことが好きそうだから、なるべく聞き役に徹しながら質問を挟もう」といったように、相手のタイプに合わせて話し方を変えていきます。

個人同士でつながることが多い「個の時代」には、いろいろなタイプの人と対峙する機会があります。

だからこそ、自分らしさや意見・意志は保ちつつ、相手の性格に合わせてコミュニケーション方法を変えていける人が、柔軟に生き残っていけるのだと思います。

02

タイジリョク

どんな人にも萎縮せず、対等に向き合える力

「対峙」という言葉の意味を辞書で引いてみると、「2つの勢力が向かい合って立つこと」とあります。

ここには、両者の力が拮抗している＝対等の勢力であるという意味が含まれます。

「対峙」の対義語は、「回避、逃避」です。

逃げない。媚びへつらわない。萎縮しない。

相手を認め、自分のことも認めてもらって話すこと。

それが「対峙力」だと思います。

相手と対等な立場に立って、本気で向かい合っている。それが、周りから「対峙力がある」と言われる状態なんです。

そしてそうあるためには、自分自身とも本気で向かい合うことが必要でした。

私が芸能界デビューしたのは15歳のとき。大手事務所に所属することになって、女優やタレントとして活動をスタートさせました。

17歳のときには、集英社の週刊ヤングジャンプ『制コレ（全国女子高生制服コレクション）05』でグランプリをいただき、順風満帆な芸能生活を送っていたんです。高校3年間は大阪で活動していましたが、卒業が近づくにつれて「東京に出たい」という思いが強くなり、大学進学を機に上京。

大学3年生のときに出演した堀江さん主演の舞台『クリスマス・キャロル』（2010年12月）で、堀江さんとはじめてお会いしました。

ただ、そんなふうに舞台に出たりする一方、上京後から仕事はどんどんなくなっていき、何かが音を立てて崩れていくのを感じていました。

その結果、2012年3月31日、大学卒業と同時に事務所はクビに。

それからはアルバイトに明け暮れる生活をしながら、「フリーランスの女優」として売り込みを続けていきました。

その生活を続けて1年半くらい経ったある日、堀江さんが「YouTubeをはじめるから、お前がアシスタントをやれ」と声をかけてくれて、いきなりいまのポジションに抜擢されたんです。

それから現在に至るまで『ホリエモンチャンネル』でＭＣをしながら、２０１５年からは『B.R.CHANNEL』でもＭＣを任されています。

こうしてたくさんの人と向き合い、場を回すポジションになった私は、２０２０年にウェブメディア『新Ｒ25』でインタビューしていただき、「大物と対峙する力がすごい！」と言われた記事が話題になりました。（新Ｒ25『「堀江さんに合わせるなんて、したことない」堀江貴文も認める女優・寺田有希の〝大物対峙力〟』２０２０年１月30日公開）

ただ、昔から対峙力があったわけではありません。何度もいいますが、本当は人見知りで小心者。人と会う前日には緊張して眠れないことや、現場に遅刻する夢を見ることだってあります（実はいまも……）。

本番でいきなり初対面の人と話すことは苦手だし、飲み会とかも気が引けてしまいます。基本は引きこもりで、一日中だれとも話さなくて平気です（笑）。

そんな私ですが、いろいろな人とうまくコミュニケーションできるようになるために、この9年間で「何が自分の武器（強み）になるのか？」を考え抜いてきました。

私は基本ネガティブなので、他人と自分を比べては、「なんでこんなにできないんだろう」としょっちゅう落ち込みます。そのたびに「なんであの人はできるんだろう」「あの人と比べて自分には何が足りないんだろう」と自分なりに推測し、研究し、対策してきました。

これを繰り返すことで、はじめは失敗ばかりしてきた私も、「対峙力がある」と言ってもらえるまでになりました。

人と対等に向き合っていくためには、まず自分自身と向き合うことが必要だったんです。

03

タイジリョク

「知らなかった自分」を見つける力

「みんなと違う道を進んでいるのは、失敗している気がする」

そう思って不安になることはありませんか？

過去の私も、そうでした。

15歳で芸能界デビューしたとき、私には「国民的女優になる」という夢がありました。当時、女優になるには「グラビアで実績をつくって知名度を上げ、女優に転身する」という道が王道。その道から外れたとき、もう国民的女優になることは無理かもしれない、と絶望しました。

けれど、フリーになって活動をしていくうちに、「そっか、別に誰かと同じ道を進まなくてもいいんだ。私は私のやり方で、夢を叶えていけばいいんだ」と気がつきました。

たくさんの人と向き合う中で、必然的に自分と向き合うことになり、「自分にはこの道が最適だ」と思えるようになったんです。

フリーになったとき、まさか自分がＭＣをやるなんて思ってもみませんでした。

もちろん、自分にできるとも思っていませんでした。

でも思わぬご縁からオファーがあり、それを引き受けてしまった以上、できないと言っている場合ではありません。大物ばかりのゲスト、増える場数。毎回、必死に試行錯誤するしかありませんでした。

そんな中で、私は「場の空気を和らげる」「人の話を引き出す」など、「誰かを支えること」が上手だと言われるようになりました。

自分では気づいていなかった新しい自分に出会えたんです。

自分がやりたいことに突き進むのは大切です。けれど、まずは、いまの自分に求められることを100％できるようになること。そうすればスキルを上げていけるし、「自分は世の中から見てどういう存在なのか？」がわかる。自分の得意なことで世の中を渡り歩いていけるようになる。そのほうが自分にも周りにもプラスになると気づいたんです。

そもそも、「やりたいこと」と「できること」のどちらか1つしか選べないわけじゃありません。いまはできることをして、その先にやりたいことをつなげていけばいいんです。

YouTuberのラファエルさんも「やりたいことじゃなくて、まずできることをしよう」と言っていましたが、まさにごもっともだなと思います。

こうして私はいま、一度断たれかけた芸能界への夢に、再び歩みだすことができています。

デビュー当時の私が夢見ていたような、多くの成功した人と同じ道、「王道ルート」を進んでいるわけではありません。けれど、自分にしか進めない道を進むことができています。

みんなが想像できるルートや、先駆者が進んできたルートを進む必要はないんです。それはその人の道なだけで、それだけが正解な訳ではないからです。

自分ができることを1つずつ重ねていけば、自分だけの道ができる。人と違う道を通ると遠回りに感じるかもしれないけれど、その道がきっと自分にとって一番の近道です。

この本では、トライ・アンド・エラーを繰り返しながら見つけた、私なりの「対峙力」の身につけ方を伝えていきます。

対峙力があれば、人とも、自分とも向き合うことができ、自分らしい生き方に自信がつき、新しい道が開けるはずです。

この本を読み終えたとき、そのためのヒントをたくさん持ち帰ってもらえればと思っています。

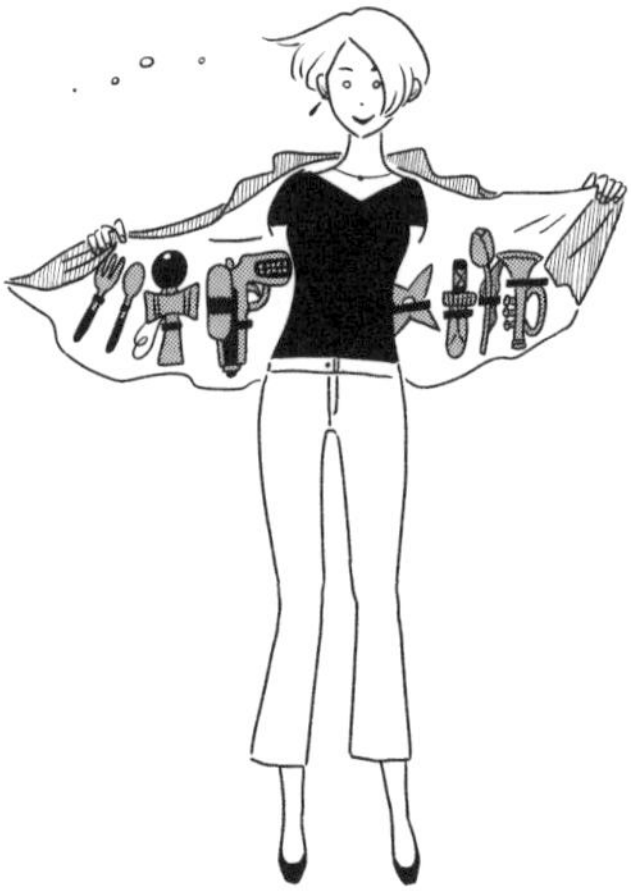

タイジリョク
CONFIDENT
COMMUNICATION

第1章

誰に対してもひるまないスキルを身につける
──「人」との対峙

コミュニケーションに絶対の正解はありません。相手と状況次第です。でも大丈夫。柔軟に対応していくためのスキルをご紹介します。

01

タイジリョク

台本はいらない！

「会話の流れ」を決めておくのは失敗のもと

「台本があるから、寺田さんは会話をうまく回せるんですよね？」。番組を観た方から、そう言われることがよくあります。実際は『ホリエモンチャンネル』でも『B.R.CHANNEL』でも、台本はほぼありません。あっても、ゲストの経歴が書かれたメモや商品の詳細くらいです。

だから、ほとんどがアドリブなんですよね。いまでは、それにすっかり慣れました。

とはいえ、もともとは「台本がほしい」とずっと思っていたんです。台本どおりにすれば怒られることもないし、大きな失敗をすることもないと思っていたからです。

重要な場面にアドリブで臨むのって、怖いことです。あなたも営業や商談、交渉、プレゼンなど、「まずこれを話して、あれを話して、30分くらい経ったらあの話題に切り替えて……」とか「こういう反応をされたらこう返して……」とか、入念にイメトレしたり、中には紙に書き出したりして「台本」のようなものをつくっている人もいるかもしれません。

台本があればあるほどうまくいく、そう思いがちです。

でも現実って、想定していた通りに話が進まないことの方が多いんですよね。

以前の私はアドリブが怖くて、あるイベントでMCをしたとき、「台本をつくってください！」とお願いして、台本を用意していただいたことがあります。でも、いざ台本通りに完璧に進めようとしたら、ものすごく時間が余ったり、観客の反応が薄かったりして、逆に焦っちゃって……。

そのとき、気づいたんです。**「私はその場ごとにアドリブで対応していたからこそ、うまくいっていたんだ」って。**台本を読むことがすべてになった瞬間、それができなくなって、エンターテインメントが成立しなくなりました。

そもそも台本があると、それ通りに進めることが正解だと思いがちです。

もちろん芝居やナレーションなどは、作品を完成させるために決められた台本を読む必要があります。一方、フリートークやバラエティ番組では、台本を一言一句間違えずに読み切ることが大事なわけではありません。だれかがデスクの上で考えた台本から面白いトークが生まれることは少ないし、本番は台本通りに進むとは限らないからです。

たとえば、5分間のオープニングトークで、台本には「本日はお集まりいただきありがとうございます。司会進行の寺田有希です、よろしくお願いいたします」と書かれていたとしますよね。ただ、これを読み終わってしまえば、明らかに時間が余ってしまいます。そうなると「どうしよう、話すことがない！」と焦るんです。

だから、私は台本通りに進めようとするんじゃなくて、相手に合わせて話すようにしています。

「いま、相手は何の話をしたいのかな？」とか「今日のお客さん、どういう状況かな？」と考えながら、アドリブで話していくんです。

現場によっては台本を用意していただくこともありますが、それは全体の流れを確認するために利用する程度です。

とはいえ、台本がない状態で、いきなり場を回すのはハードルが高いと感じるはず。そこで思い付いたのが「チェックリスト」です。

チェックリストとは、台本に書かれている内容から「言わなければいけない内容（要点）」を抜粋したものです。それを覚えられる範囲で、ざっくりとつくっていきます。

たとえば、前振りの時間が10分間あって、台本には2~3分間刻みで要点が書かれていたとします。ただ、その通りに進めようとすれば、時間にも追われて難しいし、緊張するんです。だから、2~3分間の細かな時間軸は無視して、「10分間の前振りの中で、要点だけを間違えずに言い切れたらいい」と割り切っています。こうすれば、要点をもとにアドリブで対応しやすくなるんです。

みなさんも仕事の「現場」や会話の「本番」に臨機応変に対応していくことが苦手で、「こんなとき、台本があればいいのに……」「何をどの順番で話すか、キッチリ決められていたらラクなのに……」と、思った経験はありませんか？ そんなとき、チェックリストは簡単に真似できるテクニックだと思います。

チェックリストは、自分の使いやすい形でつくればＯＫです。その詳しい内容や入れるポイントを、これから詳しくご説明します。

02

タイジリョク

アドリブはアドリブじゃない

台本ではなく
チェックリストをつくれば安心！

お伝えしたとおり、私のMCは大体がアドリブです。ただ、全く何も準備していないわけじゃなくて、「オープニングではこうして、中盤ではああして……」と全体の「下絵」ぐらいは描いています。

その下絵こそが、頭の中で自分だけにわかる形で準備しておく「チェックリスト」なんです。それを道しるべにすれば、予定外のことにも柔軟に対応しながら会話を回していけます。

チェックリストをどう作るか、具体例で説明していきます。

まず、事前の打ち合わせで「今回のゴール（目的）」と「そのポイント」を確認します。

例として、『B.R.CHANNEL』で新作ジャケットを紹介する回を考えてみましょう。紹介しなければならないのは「新作ジャケット」で、ポイントは「流行りのカラーを使用している」「イチオシブランドがある」だとします。

それがわかったら、「新作ジャケットの紹介」というゴール（目的）を設定して、チェックリストに「言わなければいけない内容（ポイント）」を並べていきます。

たとえば、「商品名は必ず言う」「流行りのカラーについて話す」「イチオシブランドを紹介する」といった感じです。たったこれだけでいいんです。

台本よりもチェックリスト

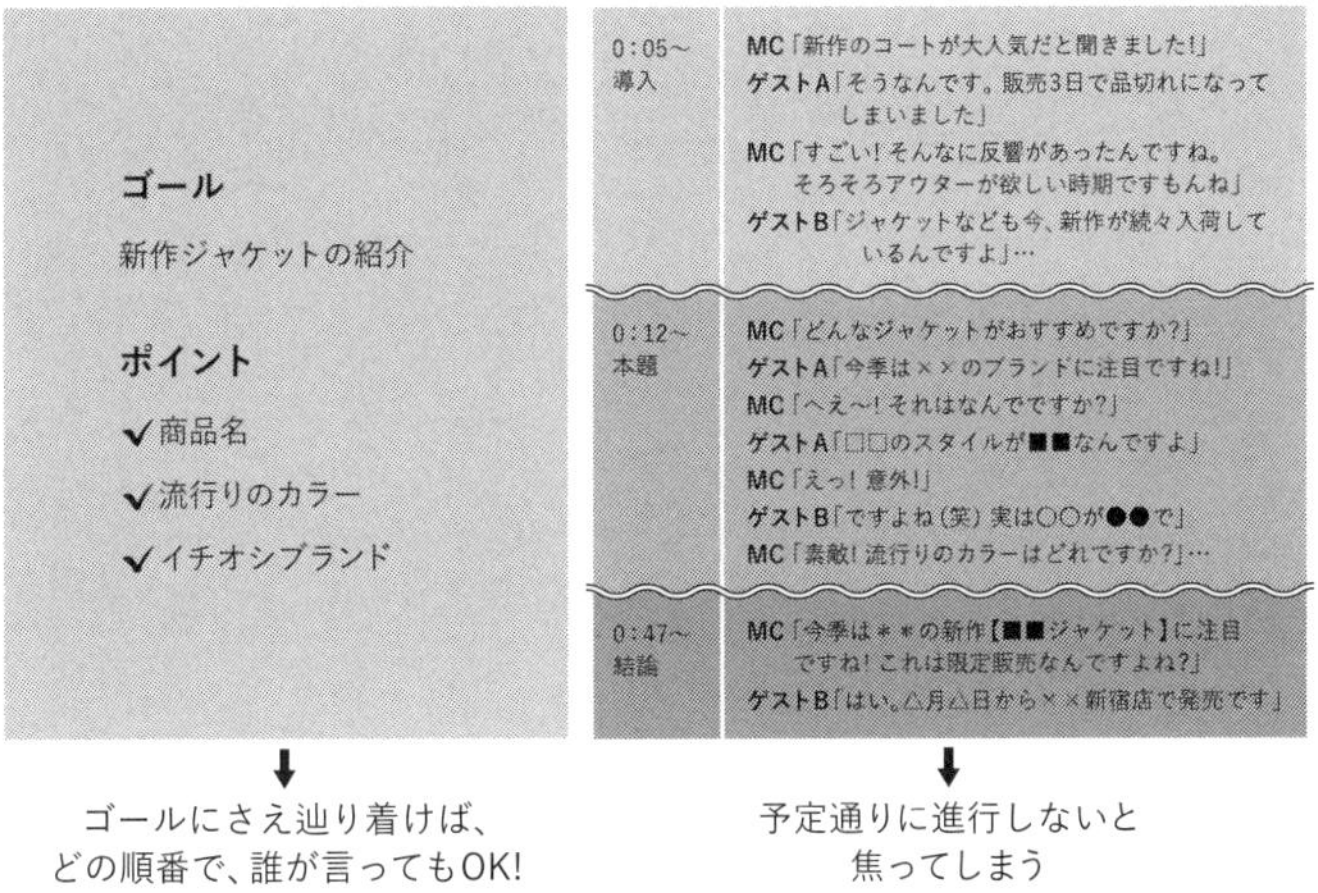

ゴールまで行ければ、ポイントはどの順番で出してもOKです。

これを台本通りに話そうとすれば、ゴールに至るまでの道筋は「A→B→Cの順番で話す」と決まっています。だから、Cを話しているときに「Bを話し忘れた」と気づいたり、相手が序盤からCの話をし始めたりしたら、焦ってしまいがちです。

一方、チェックリストを使えば、話す順番が決まっていないので、気がラクになります。1つ1つのポイントはオープニングで出してもいいし、中盤で出してもいい。とにかくゴールに辿り着けさえすればいいんです。

頭の中で「言わなくてはいけないポイント」をリスト化し、どんどんチェックしていくイメージです。ゴールは常に念頭に置きつつ、「これを言った、これを言った」とチェックしていき、時間が余ったら、「何度も使っていいポイント」のどれかを使って時間を埋めればいいだけです。

チェックリストでお得なことは、このように「順番が決まっていない」ということともう一つあって、**「チェックリストの項目は別に誰が言ってもいい」**ということ。

台本だと、「誰が何を言うか」も決められていますよね。だから、自分が言うはずの内容を他の人が話し始めたり、逆に言ってくれなかったりしたら焦ってしまいます。でもチェックリストだと、「このポイントさえ出ればOK」と、気軽に考えられるようになるんです。「あ、ブラント名は言ってくれたな。はいOK。じゃあこのあと、流行りカラーの話だけふるか」と、私の頭の中はこんな感じです。

ちなみに、チェックリストに並べる項目は、話し相手に合わせて変えています。

たとえば、堀江さんや干場さんのように「自分で話を引っ張るタイプの人」であれば、項目数は少なくする。私がチェックリストをつくって会話の道筋を立てるよりも、相手が引いてくれた道筋に沿って話したほうが、会話をスムーズに運べるからです。
だから、項目には「こういう話題を口にしてみる」とか「商品説明をとりあえず1回は入れる」くらいしか並びません。

一方、戸賀さんは「順序立てて話すことに苦手意識があるタイプの人」なので、そういうときは項目数を多めにする。会話の道筋を立てて、「こっちに行きましょう」と相手を誘導する必要があるからです。打ち合わせで、戸賀さんとは要点を共有しているので、「どの順番だったら、戸賀さんは話しやすくなるかな？」と考えて要点を並び替えながら、一つひとつこなしていきます。

ただし、チェックリストはつくり込みすぎると台本化して、失敗するので注意しましょう。「あれもこれも話そう、そのためにはこの伏線を引いて……」と考えすぎると、「A→B→Cの順番で要点を話す」とゴールに至るまでの道筋がカッチリ決まってしまいます。つまり、それって台本になるんですよね。

そして、「相手に○○と言ってもらいたいから、この質問をしてみよう」と、相手の答えを勝手に予想して、決めつけてしまうのもよくありません。

こちらが投げた質問に対して、相手が予想外のことを話し出す可能性があるからです。でも、その予想外こそ面白さの種です。種から芽を出して花を咲かせるためにも、答えを決めつけてしまうような質問やチェックリストは、おすすめしません。

最近、私はまさにこのことを実感しました。

『B.R.CHANNEL』で干場さんにデニムについて語ってもらったときのことです。その日のゴールは、「干場さんにさまざまなデニムスタイルを語ってもらう」でした。だから私は、年齢別や身長別でいろいろなスタイルを考えられるように、質問をチェックリストとして用意し、本番に挑んだんです。

だけど、そのチェックリストのつくり方がダメでした。

なぜなら全ての質問が、「話してもらいたいことを話してくれる前提」で用意したものだったからです。

そもそも干場さんは、いろいろと経験をして考え抜いてきた結果、「デニムには白Tシャツを合わせる」みたいな王道スタイルのカッコよさに行き着いた人です。その日も結論は、王道スタイルに行き着きました。

それが、本来の干場さんの素晴らしさです。

だから私は、「王道スタイル以外の話をしてくれる」と決めつけて質問を投げ続けるのではなく、王道スタイルに行き着いた上で、「さらにどんな話を聞けるか」を考えたほうがよかった。そうすれば、また別の面白い話を聞き出せたかもしれません。

その回はすごく面白かったし、反響もありました。でも、もっとできることがあったな、干場さんの魅力をもっと引き出せる方法があったな、とも感じています。

台本ではなくチェックリストをつくるのは、ゴールは見失わないようにしつつ、予想外の展開にも対応できるようにするため。そして、もっと面白い展開に広げていくためです。このことを改めて思い直しました。

チェックリストを使った会話に慣れると、要点をたくさん並べて、期待通りの答えを引き出したくなるかもしれません。

でも、デスクの上で考えたことって、当たり障りのない方向に行ってしまいがちなんですよね。

そんなとき、私は視聴者の顔を想像して、「視聴者が楽しんでくれていたら、想定とは違う答えでもＯＫ！」と考えるようにしています。私の仕事の最終ゴールは「相手の話を引き出し、視聴者を楽しませること」だからです。

大事なのは、その場その場に対応できる柔軟性を保ちながら、仕事の目的を果たすこと。

チェックリストは、それを助太刀するための存在なんです。

03

タイジリョク

スカウターで戦闘力を判定

相手の能力がわかれば戦える!

初対面の人と会うときって、緊張しますよね。相手がどういう人なのかもまだわからないし、自分がどういう人なのかも伝わっていない。そんな状態からお互いに理解を深め、関係を築いていかないといけないんだから大変です。

しかも仕事の場合は特に初対面の場合って多いし、じっくりと親睦を深める時間もなく、顔を合わせて簡単な挨拶をしたら、すぐ協働で作業にとりかからないといけなかったり、アピールや売り込みを始めないといけなかったりします。それで相手の好意や信頼を勝ち取ることができなければ、次の仕事につながらないんだから大変です。

私も、初対面の人と仕事をすることが多いです。MCの仕事ではほぼ毎回、初対面のゲストと話をして、うまく場を回していくことが求められます。人見知りにはなかなか大変な作業です(笑)。

これにどう対処しているかというと、**「相手に合わせて臨機応変に対応を変えていく」**ように心がけています。

というのも、当然ですが、この世に「全く同じ人」は存在しないからです。

初対面が苦手な人は、「まず天気の話などの雑談をして場をあたためよう!」といった、対人テクニックやコミュニケーション術を学んだこともあるかもしれません。

ただ、そのテクニックが、必ずしも目の前の相手に通用するとはかぎりませんよね。相手は天気の話よりも、さっさと仕事の話を始めたいかもしれません。極度の人見知りで、むやみに話しかけることがプレッシャーになってしまうかもしれない。

定番のパターンや対応策を覚えておくのは武器にはなると思いますが、どんなときでも使える〝万能な対応策〟というものは存在しない。だから私は、まず「相手」と「場」を見る。「相手が話しやすい状態にするには？」「この仕事を円滑に進めるには？」をその都度考えるようにしています。

そのために私は、現場に入った瞬間から「場を読む作業」と「相手を知る作業」をスタートさせます。そうすれば、対応策が自ずと見えてくるんです。

たとえば、次のようなことを考えています。

【場を読む作業】
・これはどういう場なのか
・自分はなぜ呼ばれたのか

・自分は何を求められているのか
・その上で、現場の反応、空気感はどうなのか
例：この場／自分に対して積極的・肯定的な人が多いか、そうでないか？
緊張している人が多いか、リラックスしている人が多いか？
・場を円滑に回すために、誰と何をすべきか
例：上の立場の人＝表立ったやりとりや、最終的な判断を委ねるべき？

補佐役（マネージャーや秘書など）＝細かい日程や今後のやりとりを確認すべき？　複数人いる場合は、話が早そうなのは誰？

空気を読めている人や、ムードメーカー＝困ったときヘルプできる？


【相手を知る作業】

・話すのが好きかどうか
・自信があるかどうか
・緊張しているかどうか
・場慣れしているかどうか
・いまからすること（プレゼン、対談、営業など）に、自信があるかどうか

……というのを見極めているんだよ！　と知人に話したら、『ドラゴンボール』に登場する「スカウター」みたいだね、と言われたことがあります（笑）。私、ドラゴンボールは全然知らないのですが、見るだけで相手の戦闘力を測定できるスコープ型の装置だそうで、まさにそんな感じです。ぱっと見て相手の「戦闘力」を判定していくイメージです。

たとえば、各項目10点満点だとして、「緊張せずに話せるスキル：3」とか「専門分野について自信をもって話せるスキル：8」とスキルを数値化するんです。そのうえで、場の空気や相手の戦闘力に合わせて、対応＝使用する武器を変えていきます。

相手が「緊張せずに話せるスキル：3」だったら、自分の武器である「笑顔」を多めに出すことで緊張を和らげられるかもしれないし、それこそ他愛のない雑談が有効かもしれません。あるいは「専門分野について自信をもって話せるスキル：8」だったら、その話題を振ったあとは話を遮らないようにすべきだし、もっと話を聞きたい！という姿勢を見せることが必要かもしれません。

こんなふうに戦い方を変えていくことで、相手が話しやすくなるので、より円滑にコミュニケーションをとることができます。結果、仕事もスムーズに回っていきます。

ただその上で大切なのは、「場を読むだけ」「相手の戦闘力を測るだけ」で終わりではないということ。戦い方を変えることにつなげなければ意味がありません。

というのも、過去の私は事務所が敷いてくれたレールがあるから仕事がもらえていたことに気づかず、「自分の素質を活かせば活躍できるはず」と思い上がっていて。だから、「この場ではAの役割を求められているな」と気づいても、「自分はBでいたい」とか「Bのほうが正しい」と思ったらBを貫くようにしていました。「私は私であること」が正義だと思っていたし、それを貫かなければいけないと勘違いしていたんです。

それで思うように評価されなくても、「**この仕事は私に合わなかっただけ**」と考えてしまっていました。ただ相手が求める仕事ができていなかっただけなのに。

その場で求められていることをしていないわけだから、当然、同じ現場に繰り返し呼ばれるようなことはほぼありませんでした。

それでも私は、「**仕事って、結局は来るでしょ？**」と思っていました。仕事をとってきてくれていた事務所から離れたときにはじめて、「**仕事ってなくなるんだ**」と気づいたんです。「これまでの芸能生活で、私は何をしていたんだろう……」とものすごく反省しました。

「求められている役割を果たさないといけないんだ」と痛感した私は、まずは「その場で求められていることを見極め、注力すること」を心がけるようになりました。そのために、「場を読む作業」と「相手を知る作業」は欠かせないと気づいたんです。

そして、その場その場で求められることに対して、自分だったらどんな力を発揮できるか考えながら対応していったら、クライアントやスタッフさんから「また声をかけるね」と言ってもらえることが増え、継続してお仕事をもらえるようになった。

「その場限りの仕事じゃなくて、次につながる仕事をしなきゃいけない」とはよく言いますが、そのことを身をもって知ったんです。

現場に入ったら場を読み、相手の戦闘力を判定して、戦い方を変えていくこと。すると、その場その場で最適なパフォーマンスが出せるようになります。そして、自然と次の仕事につながっていくんです。

身近なコミュニケーションの場から、ぜひ試してみてください。大丈夫。トライ・アンド・エラーを繰り返していくうちに、だんだん精度が上がっていきますよ。

04

タイジリョク

自己紹介では名前以外言わない

大事なのは「周りの情報のインプット」

初対面の人と知り合ったとき、必ず行われるのが「自己紹介」です。緊張しますよね。特に大人数が集まる場で、前の人が印象的な自己紹介をしたときなど、「自分もがんばらなきゃ!」とプレッシャーに感じたりしませんか?

だとしたら、無理しなくてもいいです。そのプレッシャーからは逃げましょう。というのも、私は自己紹介でがんばることを諦めたほうがうまくいったんです。


みんなからは「意外だね」とよく言われますが、私ははじめましての人が多い場所は怖くて、そこに行くのが本当に嫌なんです。

だから、ドラマや舞台での「顔合わせ(出演するキャストやスタッフが集まって、コンセプトや企画内容などを共有すること)」とか、最悪です(笑)。めちゃくちゃ苦手。しかも、顔合わせって現場によっては何百人も集まることがあります。たとえばNHKの朝ドラ『だんだん』のときは、200人くらいいたんじゃないかな?

それほどの人数の前で、たったの15~30秒間で自己紹介しなくてはなりません。ものすごく難しい状況ですが、ベテランの役者さんなんかはうまく笑いをとったりして、とっても素敵なんですよ。

それに触発されて「自分もがんばらなきゃ！」と気合いを入れ、ウケを狙ったりしたこともありましたが、見事に「シーン……」となってしまって。がんばって自己紹介しても、成功したことがありませんでした。

それ以上によくなかったのは、「自分の順番が回ってきたら何を話そう？」と考えすぎるあまり、みんなが自己紹介で話している内容をきちんと聞けていなかったこと。名前さえも覚えられず、あとからマネージャーさんに「あの人はだれでしたっけ？」と聞くような事態を繰り返していたわけです。

フリーになったときも、初対面こそ重要だと意気込み、はじめは自己紹介でがんばっていました。

でも、フリーになって5本目の舞台の顔合わせを迎えたとき、諦めたんです。毎回「印象に残らなきゃ！」と緊張するのがストレスすぎて面倒くさくなったし、「ここに集まった人の話を聞けないのは意味がないじゃん」と気づき始めたからです。

それでがんばるのをやめてみた結果、「自己紹介って、自分の名前以外言わなくてもいいんだな。むしろ、そのほうがお得なことがあるんだな」と知りました。

というのも、「自分の番では何を話そうかな?」と考える必要がなくなったから、人の自己紹介を落ち着いて聞けるようになったんです。すると、みんなの名前を覚えやすくなりました。

それを活かして、現場でのやりとりや休憩時間、飲み会では、相手のことをなるべく名前で呼ぶようにしました。たとえばみんなで雑談しているときに「山田さん、ここには何回か出ているんですか?」と名前を入れながら話しかけてみる。そうすれば、相手は「自分の名前を覚えてくれている」と嬉しがってくれて、距離感が一気に縮まります。結果、みんなとうまくコミュニケーションできるようになり、その中で自然に、自分がどんな人間なのか伝えていくこともできました。

そもそも、コミュニケーションできる時間は、自己紹介のあとのほうが圧倒的に長くなります。顔合わせは一瞬で終わるけど、そのあとは何か月間も一緒に仕事をしていくわけです。単発の仕事であったとしても、自己紹介よりは絶対に、仕事をする時間の方が長いですよね?

自己紹介の数十秒間で面白いことが言えなくても、そのあとにリカバリーできる時間はたくさん残されています。そこでコミュニケーションをとって仲良くなればいいんです。

自己紹介では、自分のターンでがんばるのではなく他人のターンに集中し、「のちのコミュニケーションに使える情報」をなるべく多く収集しましょう。

そしてその情報収集には、「スカウターで戦闘力を判定」の項目（49ページ）でお伝えした「場を読む作業」「相手のことを知る作業」が役立ちます。「自分はどの人と一番コミュニケーションをとらないといけないのか」「その人にはどう接していったらいいか」を考えていくわけです。

私の場合、現場の衣装さんやメイクさんとは絶対に話をするので、特に集中して名前を覚え、接し方を見極めます。複数人いる場合は、どの人となら自分は話しやすいか考えたりします。

さらに、自分と話をする確率が低そうな人の自己紹介も重要です。たとえばカメラマンさんとタレントは話をする機会がないことも多いのですが、「最終的にどう映っているか」を一番知っている方なので、話せるようになっておくと今後の勉強になります。だから、自然に話しかけるにはどういう話題がいいか考えたりします。

自己紹介のとき、私は誰よりその場のことを見ていると思うし、資料に「相手の名前」や「特徴」を書き込んで、名前だけは覚えようと努力します。

周りの情報のインプットに集中するために、自分の自己紹介では基本的に「名前」しか言いません。心がけているのは笑顔だけ！

「はじめまして、寺田有希です。私、ちょっと人見知りなので、こんな感じなんですけど、普段はもっと話すので徐々に慣れていきます。がんばります、よろしくお願いします」といった感じ。ここ数年はずっとこれ。

こういう短い自己紹介なら、聞いている人にストレスを与えることもありません。

自己紹介では「笑わせよう」とか「印象に残ろう」と考えなくても大丈夫です。むしろ、滑ってしまって「この人、痛いな……」とか「長いな」とか思われるより、名前だけ言うほうがよっぽどいいと思います。

自己紹介で無理をするのは得策じゃないので、そんなプレッシャーからは逃げましょう！　そのほうが絶対にお得ですから。

05

タイジリョク

場の空気をつくる2つのポイント

テンションは絶対に下げず、
目的は見失わないように

会議室に入っていったとき、「うわっ、なんだか今日は雰囲気が悪い……話しづらいなあ」と思ったような経験はありませんか？　みんなから有益な話を聞きたくても、誰かがピリピリしていたり、どんよりしていたり、場の空気が悪いと話を引き出すのが難しくなりますね。

そもそも、どうして場の空気は悪くなってしまうのか。私なりに分析した結果、原因は大体次の2つにあります。

①参加者（特に影響力がある人）のテンションが低い
②何のために何をすればいいのかわかっていない

そこで私は、2つのポイントを意識するようになりました。

1つは、明るいテンションを保ち続けることです。

本来の私は、みんなからよく思われたいと思うあまり、その場の空気に左右されやすくて。その場に不機嫌な人がいたりすると萎縮しちゃったり、心の中では「この意見には反対だな」と思っていても、周りから「賛成だよね？」と言われたら「はい」と言ってしまうタイプです。

ただ、仕事の場でそれを出せば自分がやりづらくなるだけ。特にMCのときは、話しやすい雰囲気づくりも重要な仕事です。

だから、「仕事スイッチ」を思いっきり入れて、無理にでもテンションを上げていきます。

みんなから想像される「笑顔で明るい寺田有希」をイメージして、そこからブレないようにするんです。たとえその現場がどんよりとしていても、無理やり仕事モードになれるスイッチを入れて、私だけは笑顔で明るく振る舞うようにしています。

たとえば、堀江さんは朝のテンションがめっちゃくちゃ低かったりします。でも、それにつられて「ああ、今日は堀江さんが怖いわ……」とか思っちゃうと、場の空気が凍りつくんです。

それだと番組として成立しなくなるし、タレントの寺田有希としての良さも消えてしまうので、私だけでも期待されるキャラクターからブレないようにする。

堀江さんの機嫌がいくら悪くても、「堀江さん、朝はテンション低いのわかりますけど、がんばっていきましょうね！」と言って、普段どおりでいます。

そうすれば、みんなが私のテンションにどんどんつられていき、いい空気が生まれるんです。

もう1つ意識しているのは、「何を話すべき場所なのか？」という目的を把握した状態でいること。

みんなが「ここでは何を話せばいいんだっけ？」「今日の目的はなんだっけ？」とわからないまま話が始まると、迷走したり、モチベーションが下がったりします。

『ホリエモンチャンネル』や『B.R.CHANNEL』は台本がほぼないので、ゲストは何をするのかわからない状態で現場に来ることだってあるんです。

だからこそ自由にいろいろと話してくれて、面白い話が出てきて盛り上がることも多いのですが、そこで私まで目的を見失ってしまうと、「で、結局は何のために話していたんだっけ？」となって、散らかり放題になってしまいます。

だから、一緒に会話を楽しみつつ、私だけでも目的を忘れないようにして、「じゃ

あ、最終的に今日の結論はこっちですね」とみんなを誘導していく。

そうすれば、内容がとっちらかることもなく、いい空気をつくることにつながります。

それに、目的を把握しておくのは、みんなで安心して仕事するためでもあって。

たとえば、目的がわからないまま来た人は、迷いながら話すので「この話でいいのかな？」と不安になって、言いたいことが言えなかったりします。

そうならないように、打ち合わせなどで「今日は何を話せばいいんですか？」と聞かれたら、「今日は○○について語る日ですよ」と明確に答えられるようにする。そうすれば、相手は安心して話せますよね。

テンションを絶対に下げないようにすること。そして、目的は見失わないようにすること。たとえ場の空気がよくなかったとしても、せめて自分だけはこの2つのポイントを忘れないようにする。そうすれば、だんだんと場の空気は変わっていきます。

06

タイジリョク

自分のターンに話題をもってくるには

文章の切れ目ではなく、話の切れ目を探す

目の前の相手が勢いよく話しているとき、自分が話せなくて困ったことはありませんか。

相手が楽しそうに話している途中で、「では次に……」と合いの手を入れれば、相手は「話を遮られた！」と不快に感じるかもしれません。私は本番では会話の流れを大事にしているので、そうならないようにとても気をつかいます。

ただ、言うべきことを言えずに終了時刻を迎えてしまったら、仕事の目的を果たせません。

そこで私は、自然と「話の切れ目」を探すようになりました。

自分のターンに話題をもっていきたいとき、「文章の切れ目」で合いの手を入れていませんか？

文章の切れ目とは、相手が一文を話し終わったタイミングのこと。

書き言葉にしたとき句点「。」を打つ場所だと言えば、よりイメージしやすいかもしれません。

たとえば、相手が「昨日、後ろから急に声をかけられたんです。」と言ったとき、

「それは驚きますね！　では次に……」と話題を切り替える。これは相手にとって、気持ちのいい合いの手ではありません。その先には、「振り向いたら大学時代の友人がいて、久しぶりに再会できました。」といったオチがあるはず。相手は、「まだ話している途中なんだけど……」と感じるでしょう。

そうならないように、私は「話の切れ目」で合いの手を入れています。

話の切れ目とは、相手が伝えたいことを言い終わったタイミングのこと。

相手が「昨日、後ろから急に声をかけられたんです。」と言って、すぐに話し出しそうならそのまま待てばいいし、間が空いたなら、「それでどうなったんですか？」と合いの手を入れます。そして「振り向いたら大学時代の友人がいて、久しぶりに再会できました。」とオチまで話し終わったなと判断したら、「それは嬉しいですね！　では次に……」と合いの手を入れます。

そうすれば、相手は伝えたいことを話し終わっているので、違う話題を出されても不快にはならないはずです。

ただ、どこが「話の切れ目」なのか判断しにくいときもありますよね。

このときにヒントになるのが、「どんな振りに対する応答なのか？」を考えること。私は相手の話を聞きながら、常に「この話は、どんな結論に向かおうとしているのか？」を想像しています。

たとえば、私から「最近、嬉しかったことはありましたか？」と質問して相手が話し出した場合や、誰かが「最近あった嬉しかったこと」を話したあとに「実は自分も……」と切り出した場合なら、結論は「嬉しかったこと」になるはずです。

そうすれば、「昨日、後ろから急に声をかけられたんです。」の時点ではまだ話の途中だとわかります。そして、「振り向いたら大学時代の友人がいて、久しぶりに再会できました。」と言い終わった瞬間に、「いま、結論を言ったな」と判断できて、話を切り替えることができます。

とはいえ、話を聞きながら「絶対にここでしたい質問」が出てきたら、話の切れ目かどうかにかかわらず、無理やり差し込んだほうがよくて。

絶対にしたい質問とは、たとえば「視聴者はここで〇〇を知りたいはずだ」「このタイミングで詳しく聞いておかないと、視聴者は話を理解できないだろう」「この質問をすることで場が盛り上がるな」といったことです。

それは聞きそびれないように、とっさに質問する必要があります。

たとえばさっきの例でも、特段前振りもなく「昨日、後ろから急に声をかけられたんです。」と話が始まったなら、「視聴者は、そのときどう思ったのか知りたいだろうな」と感じます。

それなら、会話の切れ目はまだ来ていないけれど、「ちょっとすいません！　そのとき、どう思ったんですか？」と多少強引にでも聞くんです。

それは「意味のある合いの手」になるので、相手は受け入れてくれることが多いんですよね。

上手に話の切れ目を見つけるには慣れが必要ですし、常に頭をフル回転させながら聞く必要があります。かくいう私も、いまだに失敗してしまうことはあります……。ただ、回数を重ねるうちにだんだん精度が上がってきたように思います。

会話には流れがあって、キャッチボールになっています。なんの前振りも結論もない発言はほとんどありません。その発言によって相手が何を言いたいのか、想像を働かせてみてください。

07

タイジリョク

打ち合わせでは何をすべき?

堀江さんが「打ち合わせが盛り上がる」のを嫌う理由

複数人で行う仕事には、打ち合わせが欠かせません。「いつ、誰が、何を、どのように」の段取りを組んでおかないと、スムーズに進行しませんよね。イベントの主催や、複数人で臨むプレゼンや交渉といった、「本番」でのチームプレーが求められる場では特にそうだと思います。

そういうとき、打ち合わせでは何をするイメージがありますか?「この場面ではAさんが〇〇の話をしてください」と、本番で話す流れや内容を決めるイメージがあるかもしれませんね。でも、そうじゃありません。

打ち合わせは、「私は何をすべきなのか」「みんなは何をしにきているのか」という、「目的(ゴール)」と「みんなの役割」を確認する場所なんです。

私にとっては、会話のチェックリストを作成・確認するための場でもあります。

それに気づいたのは、4年くらい前、MCをする番組の出演者が増えてきたころ。

そもそも『ホリエモンチャンネル』や『B.R.CHANNEL』では、堀江さんや干場さんが会話の主導権を握ってくれるので、私はその話についていくだけでも番組は成立します。

ところが出演者が増えて、ショップ店員さんなど、表に出て話す機会に慣れていない人と対峙することも多くなりました。そうなると、これまでのやり方が通用しなくなって、私が主導権を握りながら場を回さないといけない立場になったんです。

そのとき「私には主導権を握るスキルが全然ない」と痛感し、いろいろと対策を考えるようになりました。

その結果、場を回すために絶対必要な2つのことがわかりました。

①相手の戦闘力に合わせて話すこと
②「会話の目的」を意識して、そこからブレないように話すこと

①は「スカウターで戦闘力を判定」の項目（49ページ）で、②は「アドリブはアドリブじゃない」（41ページ）の項目で詳しく説明したことですね。

①は本番で、②は打ち合わせで確認していきます。

注意点は、打ち合わせで「会話の目的」は確認しても、「本番で実際に話す内容」までは確認しないことです。というのも、堀江さんのある考え方に納得したからです。

そもそも、堀江さんは打ち合わせが大っ嫌い。その理由について、「だいたい打ち合わせのほうが面白い話になるんだよ」と言います。

たとえば、初対面のゲストと打ち合わせしたとき、打ち解けるためにも「どんなことをしているんですか？」と好奇心でどんどん聞いていったら、「いや〜、いまは◯◯の研究に夢中で、今度は□□にも挑戦したいんですよね」と面白い話を聞くことができたとします。

すると、本番では「◯◯や□□についてはさっき面白い話をしたし、今度は何を話す？」となってしまうんです。

打ち合わせの話を再現しようとしても、全く同じように話せるわけじゃないし、展開をみんな知っているのでリアクションも薄くなります。視聴者は初めて聞く話なのに、知らず知らずのうちに詳細を飛ばして話を進めてしまうこともあります。

それが嫌だから、堀江さんは打ち合わせをしないそうなんです。

この考え方に納得したからこそ、私も打ち合わせでは面白い話が出ないように気をつけ、「会話の目的」と「自分の役割」だけを確認するようになりました。

『B.R.CHANNEL』を例にして、実際の打ち合わせの様子を説明しますね。

まずは、スタッフさんに「今回の目的」と「私は何をすべきなのか」を確認します。

たとえば、「ニットをPRしたい」という目的を確認できたら、他の出演者のみなさんと共に、そのためのポイント（「商品名を言う」など）を確認して終了。会話の流れや質問内容までは確認・共有しません。

「まず、ニットをはじめて買ったときのエピソードを紹介したら、最近買ったニットの話をして……」と流れを決めながら確認していくと、台本化するうえ、話が広がりすぎて本番で話すことがなくなるからです。

だから、「新作はどれですか？」「おすすめの色はどれですか？」とチェックリストに使えそうなポイントだけを確認します。その理由までは深く掘り下げません。

ただ、ゲストさんによっては、打ち合わせ段階でなるべく多くの情報を伝えておき目的が「ニットのPR」のとき、打ち合わせでは…

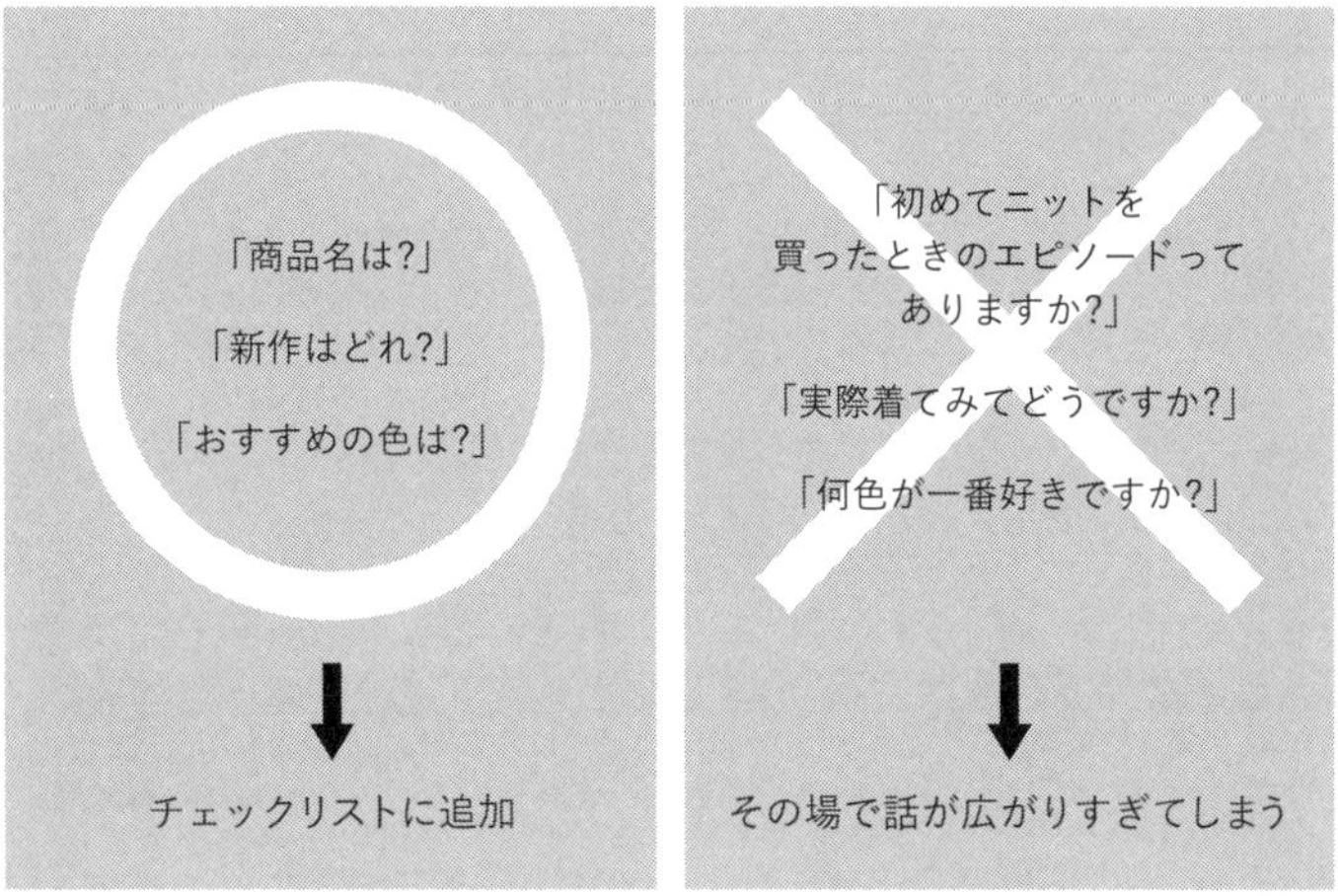
「商品名は?」
「新作はどれ?」
「おすすめの色は?」
チェックリストに追加
「初めてニットを
買ったときのエピソードって
ありますか?」
「実際着てみてどうですか?」
「何色が一番好きですか?」
その場で話が広がりすぎてしまう

たい、と考える方もいらっしゃいます。そうやって面白そうなエピソードを話し始めたなと思ったら、「え、それ面白そうだから、本番で詳しく話してくださいよ！」などと言って、あえて話をやめてもらうこともあります。

こんなふうに、打ち合わせでは「目的」と「役割」だけを確認すればＯＫ。大事なのはあくまで本番だということを忘れずに、本番で使える武器を確認していきましょう。

08

タイジリョク

「仕事の準備はどこまでするか？」問題

受け取る人を意識する

どんな仕事も、事前の準備から始まります。準備が足りないと、自信を持てずに緊張して失敗したり、その仕事の目的を果たせなかったりすることもあります。

ただ、ここで立ちふさがってくるのは、「どこまで準備していくか?」という問題。私もチェックリストをつくるとき、「どこまで細かく準備したらいいんだろう?」「ここまでやっておけば大丈夫かな?」と悩みます。

正直これには、答えがないと思います。

現実問題、準備するにも時間の制限というものがあります。それに、準備しすぎたせいでかえって柔軟性を失ったり、おごりが出てきたりして、失敗する可能性だってあることは、これまで述べてきた通りです。

私が行き着いた事前準備のポイントは、「その仕事の最終的なアウトプット」と、「それを受け取る人」をなるべく想像することです。

たとえば番組の収録なら、最終的なアウトプットは動画であり、受け取る人は視聴者です。そして、自分は「視聴者」と「目の前にいる話し相手」の間に立つ立場なんだと理解します。その上で、お互いの架け橋になるようなイメージで、話し相手への質問を考えていきます。

そうすれば、視聴者の知りたいことを質問しやすくなるので、楽しんでもらえるんですよね。

そのために、まずは視聴者のことをよく調べています。

たとえば、番組のファン層を確認して「どの年齢層が多いのか」「性別は」「何を目的に見るのか」などを探っていく。

はじめて担当する番組だったら、スタッフさんに「ファン層はどんな感じですか？」と直接聞くこともあります。

そのうえで、視聴者に刺さりそうな質問を予想していきます。

次に、メインの話し相手（番組ならゲスト）について調べていきます。

このときのポイントは、視聴者と目線を合わせられるように調べること。

たとえば、世間的にそこまで有名ではない相手の場合は、あまり調べていきません。

というのも、ほとんどの視聴者は、その人について知らないことが多いからです。

本番で「何のお仕事をしているんですか？」と基本的なことを聞いたほうが、視聴者の知りたいことを話してもらえます。

一方、著名な相手の場合、その人を知る視聴者は多いので、なるべくたくさん調べます。そうすれば、視聴者も知っている基本的なことを質問しなくて済むからです。

たとえば『ホリエモンチャンネル』のゲストが西野亮廣さんだったとき、ほとんどの視聴者は西野さんのことを知っています。だから、西野さんのプロフィールなどに時間を割かず、「普段はどうやって仕事を処理しているんですか？」などと視聴者の知りたそうなことを聞いていきます。そのほうが視聴者は楽しんでくれるんですよね。

ちなみに、話し相手について調べるとき、Wikipediaなどの情報まとめサイトよりも、その人のSNS（TwitterやInstagram、Facebookなど）を確認します。**というのも、SNSは本人が文章を書いていることがほとんどなので、「人となり」を知れるから。**それがわかれば、「本番でどう対応すればいいのか？」をイメージしやすくなります。

たとえば、SNSを頻繁に更新していなくて、投稿内容が仕事の情報だけだったら、

「自分のことを話すのは苦手な人で、プライベートな話は聞き出すのが難しいかもしれない」と想像できます。

ほかにも、SNSのコメント返しをよくする人だったら、「自分の気持ちを言葉にするのが好きそうだから、たくさん話してくれそうだな」と想像できます。

ただし、視聴者の気持ちになったからといって、「何も準備しない」のはNGです。ゲストがどんな相手であっても、基本的な情報だけは必ず調べていきます。

そうするようになったのは、5年前、『ホリエモンチャンネル』のゲストに来てくださったチームラボ代表の猪子寿之さんから、ある言葉を言われたことがきっかけでした。

当時、チームラボの事業について知らない視聴者もいました。だから、一般目線でいるために、という思いもあり、チームラボの映像を何も観ずに本番に臨んだんです。

そうしたら、猪子さんに「いまはネットの時代で、社名を調べるだけで映像も検索できるんだから、1分くらいの映像は観てきなさい」と言われてしまいました。

ごもっともですよね。深く反省したのを覚えています。

そのときの痛い経験もあって、事前に話し相手の最低限のプロフィールだけは調べるようになりました。

私の場合は「仕事の最終的なアウトプット＝動画」で、「それを受け取る人＝視聴者」のことが多いので、その例を挙げていきましたが、これはどんな仕事でも使える考え方だと思います。

たとえば、メーカーの営業さんが、自社の新製品を小売店に営業しに行くとします。すると、「仕事の最終的なアウトプット＝新製品」だと思います。だから、「この新製品はここを工夫して開発しました！」といったように、製品自体をアピールしたくなるのではないでしょうか。

けれどこの場合、「受け取る人＝そのお店で新製品を買う人」だと思います。だから、そのお店にどんな層が来るのか調べた上で、中でもその製品を買ってくれそうなのはどんな人か考えてアピールする。さらに、このとき「目の前にいるメインの話し相手＝小売店の仕入れ担当者」ですから、どんな人なのか、どんな話し方をすれば打ち解けることができるのか、できるかぎり調べる。こんなイメージです。

ＳＮＳもいまやほとんどの人がやっていて、お店の公式アカウントなんかも多いですよね。それを事前にチェックしておくのもいいかもしれません。フォロワーや「いいね」をしているのはどんな人で、どんなお客様が多そうなのか。どんな商品をプッシュしているのか。ＳＮＳ担当者は男性なのか女性なのか。フレンドリーな雰囲気の投稿が多いのか、告知だけを淡々と投稿しているのか……得られる情報は意外に多いと思うんです。特にFacebookなんかは記事を公開にしている人も多いので、情報収集の方法として、真似してもらえるんじゃないかなと思います。

「アウトプット」と「受け取る人」を意識すれば、おのずと何をどのくらい準備していくべきかが見えてきます。これがそのまま、チェックリストの項目になるんです。

09

タイジリョク

「困ったときの武器リスト」をもっておく

使わなくてもいいから、なるべくたくさん

ここまでの話を読んで、「寺田は会話の目的とポイントだけをもって、あとはアドリブで対応しているんだ。すごい肝が座っているな」と感じたかもしれません。

でも実際は、全然そんなことはなくて、いまだに現場に向かう前日はめちゃくちゃ怖いです……。

いくら目的を確認し、ポイントをピックアップしてチェックリストをつくったとしても、話が詰まってしまったら？ ポイントから全く話が広がらなかったら？ 予想外の事態で、チェックリストが全く役に立たなかったら？ 不安は尽きません。

だからこそ、チェックリストに加え、「話が停滞したときに出せるエピソード」をたくさん仕込んでおきます。いわば「予備チェックリスト」です。

ジャケットの内側に武器を忍ばせて本番に臨んで、ちょっとでも話が止まったら、その武器を「これでどうだ！」と投げていくようなイメージです。

そのおかげで、いまでは予想外のことが起きても、ある程度はうまく対応できるようになってきました。

その武器は、前日までに仕込んでおきます。まずは、通常のチェックリストを頭の中でつくります。それから、「絶対話す必要はないけど、テーマに合いそうなエピソード」を探して、それを「予備チェックリスト」に追加していきます。

たとえば『ホリエモンチャンネル』では、ゲストのSNSや著書をチェックして、最近の活動を調べます。そうすればチェックリストの話が停滞しても、「そういえば、最近は◯◯もされているんですよね」と助太刀できます。

「●●に行かれていましたよね?」「あのイベントで、この商品を使っていませんでしたか?」と相手が自分のエピソードを話したくなる質問を準備しておくんです。だからこそ、WikipediaではなくSNSがやっぱり大事で、すごく使えるんですよね。

もしくは、「私も□□やったことあります!」「最近それ買いました」など、自分のエピソードも思い出しておくと、結構使えたりします。

こんなふうに相手に合わせて武器をたくさん用意するので、1日に何本も収録が入っていると、なかなかの重装備になります(笑)。

ただし、その武器は本番前に一度忘れるようにしています。

そもそも予備チェックリストの武器は、話が停滞したりなど、いざというときのために準備しているだけ。絶対に話すべきポイントは通常のチェックリストに書いてあるので、予備チェックリストは使わなくてもいいんですよね。

にもかかわらず、たくさん準備すればするほど、それをどうしても使いたくなってしまうことがあります。

本番で重要なのは、会話の流れを大事にすること。それを忘れて、流れに合っていない武器を無理やり使った結果、滑ってしまって失敗したことがありました。

だから、話の流れやタイミング的に使えなかった武器は、「あ、言わないほうがよかったことなんだ」と理解して、そのまましまっておきます。

「せっかく調べたり考えたりしてきたんだから、あれもこれも言いたい!」となるのは、ただのエゴです。仕事の目的を忘れてしまっています。

本番では、目の前の相手と対峙することが何より大切。

「準備してきた武器を使わなきゃ！」と思えば、相手の話に集中できません。武器はあくまでも「助け舟」と考えて、本番では相手と対峙することに集中しましょう。

10

タイジリョク

知らない話題が出てきたときは？

自分の戦闘力を開示する

誰かと話しているとき、知らない話題が出てきて焦ってしまうことってありますよね。

たとえば、取引先の重役と話していて、「○○について、君はどう思う?」と知らないことについて意見を求められたとします。

そのとき、「こいつは使えない」と思われたくなくて、「それはですね……」と知ったかぶりをして話したくなると思うんです。

けれど、予期せぬ新しい分野に触れてしまった場合は、素直に知らないと言うことも大事です。

かくいう私も、知らないと言うのは苦手でした。

たとえば「政治について詳しくないのは恥ずかしいことだ」と思っていたので、そういったテーマの回では知ったかぶりをして話したことがあります。

ただ、そうしたら見当外れなことを言ってしまい、場が白け、そのあと余計にうまく話せなくなったりしたことがありました。

そういう経験をして、「あ、知ったかぶりをするのはよくないんだ」と気づいたいまでは、知らない話題が出てきても、素直に「知らないので、教えてください」と言うようにしています。

そもそも、「自分よりも武器（知識量やエピソード）が多くて、戦闘力の高い相手」と対峙するとき、付け焼き刃の武器では太刀打ちできません。

相手は、普段からじっくりと時間をかけて知識を身につけ、そのテーマについて考えているから、話せる量も深さも全く違うんです。

宇宙工学についての専門家なら、専門書を何百冊も読んでいたり、普段から関連するテーマについて思考していたりするので、宇宙について話せる話題がたくさんあります。その人と話せるように、入門書やその人の著書を1冊だけ読んでも、到底かなうはずがありません。

だけど、そうやって少しでも準備すると、「本の中に書いてあることを聞けば大丈夫」とか「何となく知識を入れてきたから戦えるかも」と思いがちなんですよね。

その結果、「これって〇〇ですよね？」と知ったかぶりをしたら、それが的外れだった……なんてことが多かったんです。

そんな失敗を繰り返したので、相手の戦闘力に無理やり合わせることはやめました。**まずは自分の戦闘力を自覚し、それを恥ずかしがって隠すのではなく、むしろ開示していくようにしています。**

相手の戦闘力が5000で自分は100だったら、「自分は100なんです。5000もあるなんてすごいですね！」というスタンスで話を聞きます。

自分にとって未知の分野について聞くのであれば、「すみません、この分野は本を1冊読んでみても、全くわからなかったんです。でも、世の中にそういう人は多いと思うので、詳しく教えてください」と言うようにする。そうすれば、相手は「いいですよ」と教えてくれます。

そんなふうに「それはわからないです」「興味を持ったことがないです」と素直に言ったほうが、**相手もこちらにどれだけの知識があるのかわかるので、話しやすくなるんですよね。**

逆に下手に知ったかぶりをすると、相手も何を前提にどこから話すべきかわからず、困らせてしまうことになります。

実際、知ったかぶりをしないことで成功したエピソードがあります。『ホリエモンのコズミック論だん』の生放送に、政治家で社会学者の鈴木寛さんがゲストに来てくださったときのこと。

政治のことがいまいちわからなかった私は、わからないまま、「政治家さんは毎日何をしているんですか？」などの単純な質問をバンバン投げていきました。すると、「こういう会議をして、こういう人たちと政策について相談しあって……」といった詳しいお話を説明してくださったんです。けれど、私はその詳しい話を聞けば聞くほど、「政治というものは、根本のところで何を変えようとしているのか？」がわからなくなってしまって。

それで、一番最後に「結局、政治って何なんでしょう？」とポロッと言ったんです。すると、視聴者さんやスタッフさんから「あの質問、めっちゃ良かったよ！」「自分のモヤモヤした疑問を代弁してもらえた感じ」と褒められたんです。

そのとき、「知らないことをぶつけるのって、必ずしも悪いことじゃないんだな」と思いました。

もちろん、最低限の情報は調べていく必要はありますが、その分野の知識で頭でっかちになる必要はありません。

知らないことは「知らない」と言えたほうが、お互いラクに会話できます。

さっきの例でいえば、ゲストである鈴木寛さんのプロフィールは調べておくべきだけど、政治や鈴木さんの専門分野についてものすごく調べて、わかったふりをして会話をしていたら、失敗していたと思います。83ページで挙げたチームラボ・猪子さんの例では、ゲストである猪子さんご自身のプロフィールや基本の事業については調べておくべきでしたが、たとえばプロジェクションマッピングやイマーシブコンテンツについて、専門家レベルの知識を蓄えようとする必要はないと思います。

つまり、「話をする相手のことは最低限調べておくべきだけど、相手が詳しい分野や得意な話題について、張り合えるぐらい調べようとする必要はない」ということです（そもそも張り合えるわけがないですし）。

冒頭の例のように、取引先から、知らないことについて意見を求められたとします。そのとき私なら、「すみません。○○のことはよく理解できておりません。これから勉強していきます」と前置きした上で、「知らないからこその認識になるのですが、最近、友人と『〇〇は××でよく見かけるね』と話しました。理由は□□だからなのかな、と感じています。実際はどうなのでしょうか？」のように回答するかなと思います。

もちろん、いざというとき、実力以上のことでもとにかく挑戦してみる「ハッタリ力」は大事でしょう。

ただ、会話をするときには「嘘つき」だと思われないほうがいいし、自分の戦闘力をきちんと判断してもらったほうが、相手も話が進めやすいですよね。

だから、知らない話題が出てきても見栄を張らないように心がけています。

11

タイジリョク

本当に喜んでもらえる褒め方

褒めればいいってもんじゃない!

「嘘つき」だと思われないほうがいいのは、相手の素敵なところを褒めるときも同じです。等身大の、本当に自分が思っている言葉を伝えるようにします。

人と仲良くなりたいとき、「褒める」というのはとても有効な手段です。褒められて嬉しくない人はいないからです。

それに、相手の素敵なところを口に出して伝えるのって、とても大事なことです。私も周りの人から褒めてもらったことで自分に自信をつけることができたので、心からそう思うし、自分もなるべく口に出すようにしています。

ただ、褒め方には注意が必要。とにかく好かれようと、自分の気持ちに嘘をついて褒めるのはやめましょう。**上辺だけの気持ちがこもっていない言葉って、まずバレるんですよね。**かえって信用をなくすことにもなってしまいます。

特に、誰にでも使えるような上辺だけの褒め言葉や、外見的な特徴に触れるときは要注意です。相手がたくさんコンプレックスを抱えていたら、逆効果になる可能性があるからです。

たとえば、私は明らかに肩幅が狭くて、超なで肩で、短足なのがコンプレックスです。しかも、昔はいまよりプラス5キロくらい太っていて。だから、当時「スタイルいいね」と言ってもらっても、「そんなわけあるか！　ただの社交辞令だろ」と思ってテンションが下がっていました。それに、本音で向き合ってもらえていない気がして寂しかったです。

いくらプラスの言葉でも、褒めればいいってもんじゃないんですね。相手に好意や敬意を伝えたいなら、上辺の言葉じゃなくて、本当に心から「いいな」と思ったことを伝えるべきです。

まずは相手と向き合って、「いいな」「すごいな」と本当に思うところを見つけたら、それを素直に口に出します。

そうすれば、上辺だけの褒め言葉を使わなくても、「そのシャツ、めっちゃ似合っていますね」とか「○○ちゃんは聞き上手だから、ついたくさん話しちゃうんだよね」と実感を込めて褒めることができる。そのほうが相手は喜んでくれるはずです。

そんな話を知人にしていたら、「それ、銀座のホステスと一緒じゃん！」と言われたんです。というのも、一流のホステスさんは、お客様を褒めるときお世辞は言わない。外見など「生まれ持ったもの」「変えられないもの」については触れない。代わりに、会話の中で「その人がこれまでがんばってきたこと」を見つけて、心からの言葉で褒めるのだそうです。

生まれ持ったものより、その人が努力して身につけてきたものを褒める。たしかにそのほうが嬉しいよな、と納得しました。

ただこの褒め方は、関係性によっては難しいかもしれません。たとえば部下から上司に対してなどは、「上から目線」のようにも感じられてしまう可能性もあります。

そういう場合、「**自分が相手にしてもらって嬉しかったこと**」**を伝える**と、好意や敬意が伝わるのではないでしょうか。ただ「勉強になります！」「〇〇さんを尊敬しています！」と連発するより、「あのとき1本のメールをくれたことが本当に励みになりました。ありがとうございました」と言ったほうが、喜んでもらえると思うのです。

大事なのは、本心でない言葉を使って褒めないこと。たとえば、明らかにいまの自分は使わないモノに対して「いいですね！　欲しいです！」と褒めるのは本心ではな

目的：明らかにいまの自分は使わないモノを褒めたい

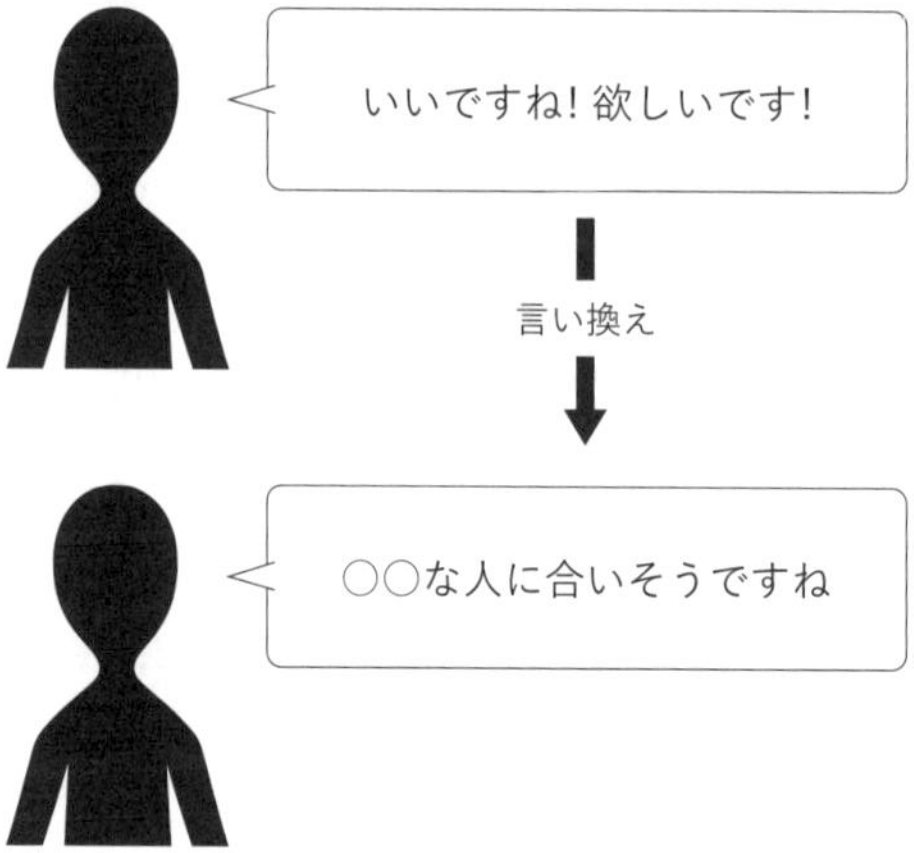
いいですね！欲しいです！
言い換え
〇〇な人に合いそうですね

いですよね。そうではなくて、「〇〇な人に合いそうですね」「こんなシーンで役立ちそうですね」「意外かもしれませんが、実は昔、こういうものが好きだったんです」「子供ができたら欲しいです！」と、本当に感じた気持ちを言葉にしてみるんです。

特に、「〇〇な人に合いそうですね」は、いろいろな状況で素直な気持ちを伝えられる、汎用性の高いフレーズです。

こんなふうに、普段から自分の気持ちに嘘をつかない言葉を使っていれば、「素敵ですね」「欲しいです」「尊敬しています」などのよくあるフレーズを使ったときも、本心からの言葉だとわかってもらえるという効果も。

上辺だけの言葉って、自分が思っている以上に相手にはバレてしまうものです。相手を褒めたいときは、言い方だけ工夫して、素直な気持ちを伝えるようにしてみてください。

12

タイジリョク

嫌いな人や嫌な話題ほど深堀りする

最初から拒絶すると、自分の可能性が減っていくビジネスシーンでは、「この人、嫌いなタイプだな」と感じる人に出会うこともあります。

あるいは、人の悪口を聞かされたりして、「その話題については話したくないんだけど……」と感じた経験もあると思います。

そんなふうに、嫌いな人や話題にぶつかったとき、「この人は嫌いだから、もう関わりたくない！」「この話題は嫌だから、もう話したくない！」と拒絶したくなるはず。

私もずっとそうだったので気持ちはわかりますし、嫌な人や話題に無理に付き合う必要はない、といまも思っています。自分を不快にさせるもの、傷つけるものからは、とことん逃げましょう。

ただ、一発で「嫌い」判定をして完全シャットダウンするのは、少しだけ待ってみてほしいんです。

もしかしたら、第一印象が最悪な相手でも、本当は最高の相性かもしれませんよね。拒絶すれば、その可能性に気づけなくなるんです。

突発的に「嫌い！」と思ったとしても、それは相手の表面的な一部分に過ぎなくて、実は好きになれる部分だってあるかもしれません。それを見つけられたら良い関係になれるかもしれないのに、最初から切り捨ててしまうのはもったいないと思いませんか。

世の中には、その人と楽しく仕事をしている人も、プライベートで親しくしている友人や家族もいるわけです。どんな人にだって良いところは必ずあります。そう考えれば、「もしかしたら相手の長所を私が理解しきれなかっただけで、好きになれるところがあるかもしれないし、良い仕事ができるかもしれない」って思うんです。

「嫌い」という突発的な感情だけで拒絶してしまうと、そこから先は何も生まれない。あったかもしれない素敵な未来を一つ閉ざしてしまうかもしれないんです。

そう思うようになったのは、フリーになって、多種多様な人と仕事するようになったからです。

プライベートなら嫌いな人とは付き合わなければいいけれど、仕事だとそうはいきません。だから、少しでも仕事がスムーズにいくよう、どんな人ともなるべく友好的な関係を築けるように努力しました。すると最初は「合わないかも」と思っていた相手でも、いつのまにか親しくなっていたり、いっしょに良い仕事ができたり、ということがあったんです。

逆に、下手に拒絶してしまうと、自分の評価が下がる可能性だってあります。関わらないようにすれば仕事は円滑に回らなくなるし、「あいつに冷たい態度をとられた」といった噂が出回ったら、周囲から付き合いづらい人だと思われてしまうことも。

そんなふうに、その場の感情だけで拒絶すると、もったいないことがたくさん起きます。**だから、私は嫌いだと思うときほど、「もっと知ろう」というモードに入ります。**

たとえば、嫌いな相手のSNSを見てみる。すると、家族と楽しそうにお酒を飲んでいる投稿があるかもしれない。

それを見ていたら、「そうだよね。私が嫌ってしまっているだけで、この人は誰かに愛されて、楽しい時間を送っていることもあるんだ。私も家族といるときは、楽しい時間を送っている。お互いに同じことができる人間同士なんだから、相手の考え方をもっと知れたら、この人とも楽しく話せるようになるかも」と考えたりできます。

苦手な話題になったときも、なぜその話が出たのか、理由を知ろうと努力するんです。

まずは、相手の意見を否定も肯定もせずに、「そうなんですね」と一度受け止めます。そして、「どうしてこういうことを言うんだろう?」と相手の気持ちを考えてみる。そうすれば、「相手が本当に伝えたいこと」が見えてくることがあります。

たとえば、身近な人のことを悪く言われたとします。そのとき、言葉の真意を考えていくと、「たまたま過去に嫌なことがあったのかもしれない」とか、「この人は言葉の使い方が下手なだけで、本当はあの人のことを誰より考えているのかもしれない」と想像できるんです。

そうすれば、前よりもやさしく対応できるようになるし、「確かに、そういうふうにされるのは困りますよね」と、自分も相手も良くないと感じた事実のみを肯定することもできます。

こうして「嫌い」ほど深堀りしていくと、自分の本音や知らなかった一面に気づかされることもあります。

たとえば、ある人に対して突発的に「嫌い」と思ってしまうのは、その人が自分にはできないことをやってのける人で、コンプレックスを刺激するからかもしれない。ある話題を瞬間的に「話したくない」と思ってしまうのは、自分が大切にしている価値観と合わないからかもしれない。

それさえわかれば、拒絶する以外の対応をとっていくこともできます。

とはいえ、仕事場ではそんなふうに努力したとしても、現場を出たら「やっぱり嫌いだな……」とフラストレーションが溜まってしまうこともあるんです。

そのときは、1人で「は～、やっぱ嫌い！」と愚痴りながらお酒を飲みます（笑）。

嫌な気持ちになる人や話題と、無理に向き合い続ける必要はありません。傷つけられる場面からは、逃げた方がいいと思います。

ただ、全てを拒絶してしまう前に、なぜ嫌だと思ったのか、好きになれるところはひとつもないのか、一度立ち止まって考えてみること。そうすれば、思いもよらない素敵な未来につながっていくかもしれません。

13

タイジリョク

盛り上がっていても話を切るには

タイムキープはピークで考える

時間が決められた場で話を仕切るのは、なかなか難しいものです。

たとえば、残り時間が5分しかなく、延長もできない会議で、上司が新しい話題を話し始めたとします。ただ、その話が5分以内に収まらないと、中途半端なところで話を切らざるを得なくなりますよね。それだと、相手もこちらも消化不良で終わってしまいます。


そうならないように、私は「今日は盛り上がりそうだな」と感じたら、要所要所で残り時間を口にしています。


たとえば、話の切れ目を見つけたら、「ちょうどお話が切れたんですけど、あと5分残っているので、何かほかに聞きたいことはないですか?」とか「お時間が半分残っています。まだ盛り上がれますよ!」と言ってみたりします。

ほかにも、「今日はお時間に限りがあるので、凝縮してお話していけたら」「時間が迫ってまいりました」と言うこともあれば、ふざけていい場面だと「あと5分しかないから〜!」「話が長いです〜!」と突っ込むこともあって。

そうすれば、相手も「時間内に収まるように話そう」と意識しながら話してくれるので、中途半端なところで話が終わるのを防ぎやすくなります。

大切なのは、残り時間に合わせて臨機応変に仕切っていくこと。だから、「10分間でこれを話しましょう」「15分間でこの話をお願いします」と時間を全て管理して、「この時間内で話してください」と誘導することはしません。

たとえば、こちらは「10分間でこの話題は終えよう」と想定していても、実際は話の前振りだけで10分経ってしまう可能性もあります。それなのに10分で機械的に話を切ってしまったら、せっかく話し始めた話題のピークを迎えられなくてもったいないと思っていて。

面白い話は止めたくないので、「話のピークを迎えられたかどうか」を意識しながら進行していきます。

プライベートの雑談であれば、ピークは関係ないかもしれません。でも、会議や議論、取材、聞き手がいるトークなどの場面で、一度もピーク（最も盛り上がる・白熱する場面）を迎えられなかったら、せっかく会話の時間を設けた意味がなくなってしまうように思うんです。

だから、時間厳守が最優先の場面以外では、タイムキープよりも面白い話を引き出すことに集中して、ピークを迎えるまで粘ります。そのほうが、みんなの幸福度が上がるからです。

収録では、スタッフさんから「何分経過しました！」「あと何分で終わってください！」と言われることもありますが、正直あまり気にしすぎないようにしています。

1回40分間の収録で、面白い話が出るまで60分間粘ったこともあります。本当はダメですが。逆に、「今日は面白い話を引き出せたぞ」と思ったら25分間で締めることも。本当はダメですが（笑）。

それでも、「面白い収録をする」という共通目的をみんなで達成できたから、いい結果で終われます。

もちろん、チェックリストを意識することも忘れません。

チェックリストが全く遂行できていないときは、「残りの20分で、こうすればチェックリストを全て潰せるぞ」と進め方を計算しながら、相手に話を振っていくこともあります。

時間優先の場で、チェックリストに「時間内に終わらせること」があるのであれば、たいてい相手も同じように考えているので、強引に話の舵を切っても不快にはさせないはずです。

ただ、舵を無理やり切るときには、相手の立場を下げないように気をつけています。

たとえば、MCを担当した堀江さんプロデュースの都市型フェス『ホリエモン万博』では、数分単位でスケジュールが組まれていたから、絶対に時間内に終わらせないといけなくて。

かといって、すごく盛り上がっている話を遮って、「はい、お時間が来てしまいました！ ありがとうございました～！」と打ち切れば、相手は「え？」と思いますよね。

そうならないように、相手に「事情」と「次の機会」を伝えることを忘れないようにしています。

たとえば、「本当にごめんなさい！ そのお話をまだまだ聞きたいんですけど、お時間が来てしまったので、是非またゲストで来てくださいね」と伝えます。

すると相手に不快な思いをさせたり、場の空気を盛り下げたりすることを極力防げます。

時間を考える前に、まずはその場で達成したい目的を忘れないこと。それに合わせて、タイムキープを工夫しましょう。

14

タイジリョク

イベントを回すコツ

リアルでは会場、
ウェブでは相手に集中

仕事でのイベント開催や飲み会の幹事、結婚式の司会など、司会やMCが本業ではなくても、そのような役目を任された経験が一度はあるのではないでしょうか。

私も本業は女優ですが、司会者やMCとして「リアルイベント」や「収録番組」に呼ばれることがよくあります。

リアルイベントとは、会場で参加者と直接顔を合わせながら話すイベントのこと。たとえば、「講演」や「公開トークイベント」、「トークライブ付きの試写会」などが当てはまります。

一方、収録番組とは、現場に出演者だけが集まった様子を収録して、それを編集後に放送する番組のこと。たとえば、YouTube番組をマーケティングのために利用している企業だったら、撮影・編集後に公開する動画のようなイメージでしょうか。

この2つの違いは「視聴者が目の前にいるかどうか」ですが、それぞれで場の回し方を変える必要があると気づきました。

まず、リアルイベントでは視聴者の反応を見ながら、「どうしたら見る人が楽しんでくれるのかな?」と考えて、話し相手と一緒に会場の空気をつくっていきます。

見る人が楽しんでくれることが何よりも大事だし、話し相手も視聴者の反応を気にしているからです。

だから、会場に入った瞬間から「会場の空気」と「視聴者の反応」を確認するんです。

たとえば、「男女比は？」「年齢層は？」と会場の空気を読み取ったり、「私への注目度は？」「盛り上がっている？」「拍手の大きさは？」と視聴者の反応を見たり。

それによって、「笑いはもっと多めのほうがいいな」とか「私の話は少なくしよう」と判断しながら対応を変えています。


たとえば、『ホリエモン万博』ではＭＣとしてステージに立って、注意事項を説明する場面がありました。ただ、ほかの作業をしていたりと、私の話を聞いていない人もいたんです。

そこで会場全体を見回して、「そもそも私の声が届いている人が少ないな」と判断したら、ゆっくりと話すことで、注目を集める努力をしてみたり。逆に「注意事項は耳では聞いていそうだけど、ほかの作業もしたいんだろうな」と感じる人が多かったら、出しゃばらずに注意事項を淡々と話したりします。

拍手の大きさで対応を変えることもあります。

会場の拍手が小さくて「テンションが低いお客さんが多いのかな」と感じたら、まずは「みなさん、こんにちは！　盛り上がっていますか〜！」と盛り上げていきます。それで盛り上がったら、「ノリのいい人が多いな」と判断して、どんどん盛り上げていくんです。盛り上がらなかったら、「今日は話をしっかり聞きに来ているんだな」と判断して、盛り上げることはやめたりすることもあります。

こんなふうにリアルイベントでは視聴者の反応を見ながら対応する一方、収録番組では話し相手だけに集中しています。

「どんな話をしたがっているのか」「どんな状態なのか」と相手を理解して話を盛り上げることで、その収録がいいものになるからです。

とはいえ、見てくれる人が楽しんでくれるように、視聴者をイメージすることも忘れません。

収録では目の前に視聴者がいないから、その姿を想像するしかありません。

だから、なるべくたくさん想像できるように、ＳＮＳの反応やコメントを読んだり、

「公開収録のとき、どんな視聴者さんが多かったっけ？」と思い出したりします。そこからぼんやりと視聴者像が浮かび上がってくるので、「その視聴者さんが、どうすれば楽しんでくれるのかな？」と考えながら話していくんです。

また、収録番組で視聴者をどこまで意識するかは、番組によって変えるようにしています。

たとえば『ホリエモンチャンネル』では、視聴者をあまり意識する必要はないと思っていて。というのも、視聴者は「何かビジネスをしたい」「人生を楽しみたい」とモチベーションの高い人だとわかるから、その人たちの気持ちにわざわざ火をつける必要はありません。堀江さんが、ただ楽しく話してくれることが、視聴者の楽しむことにつながるからです。

一方、『B.R.CHANNEL』では、視聴者を強く意識します。私が聞き出すべきことが多いし、「年齢別」や「ファッションに詳しいかどうか」など視聴者に合わせて話を広げたほうがいいからです。収録の前に過去動画に付いたコメントを読んだりして、視聴者像をしっかりとイメージしてから収録に向かいます。

ちなみに『生配信』系の回し方は、収録番組のときの感覚と似ています。リアルタイムでコメントが流れてくる場合は、なるべく全て見るようにしていますが、どうしてもタイムラグがあって、リアルイベントほど瞬時に対応するのは難しいんです。コメントが表示されるころには、その話題が終わっていたりもします。

だからコメントを見るときは、「使えそうな質問」を探し出すようにしています。感想系のコメントはタイムラグに左右されやすいので、一つひとつをその場で拾うことはあまりないですね。生配信は「反応をいち早く見られる収録」というイメージです。収録と同じやり方で回して、もし使える質問のコメントが流れてきたらラッキーくらいの感覚で臨んでいます。

最近は『オンラインイベント』が開催される機会がぐっと増えたので、司会を任されるようなことがあれば参考にしてみてください。

司会やMCとして大事なのは、見てくれる人・聞いてくれる人が有意義な時間を過ごせるように考えること。このとき、「視聴者が目の前にいるかどうか」で意識するポイントを変えていくと、よりうまくいきますよ。

明日からできる!「人」と対峙するための5つの挑戦

❶話す相手のことを想像してみる

・話すのは好きそう?
・インドア派? アウトドア派?
・得意だった教科は? etc…なんでもOK

❷誰かのいいところを、自分の言葉で伝えてみる

・その人ががんばってきたこと
・やってくれて嬉しかったこと etc…
「その人が生まれ持ったもの」以外で!

❸初対面の人がいたらチャンス!

名前を覚えて、すぐに呼んでみる

❹「嫌い」に出くわしたらチャンス!

なぜそう感じたか、理由を考えてみる

❺「結論」を考えながら、人の話を聞く

文章の切れ目ではなく、話の切れ目を探そう

第2章

いつでも必要とされる存在になる
──「仕事」との対峙

変化の激しいこの時代。「求められる人」でありつづけるには、一体どうしたらいいのでしょうか。仕事との向き合い方について考えてみます。

01

タイジリョク

「評価されたい」と思った時点で、仕事に本気になれていない

自分の役割に集中しているか

社運をかけたプレゼン。上司との大事なミーティング。気難しい顧客との商談。著名人への取材。あるいは、絶対成功させたい合コン……。

こんな場面で、うまく振る舞えずに困ったことはありませんか？

失敗したくない。嫌われたらどうしよう。ダメなやつだと思われたらどうしよう。デキるやつだと思われたい。好かれたい。評価されたい。

そんな思いでいっぱいになるあまり、ますます緊張したり、空回ったり、逆にうまくいかないことはありませんか。

私もそうだったので、気持ちはよくわかります。

私は小さいときから「人の目線」や「評価」がものすごく気になるタイプの人間でした。

事務所に所属していたときも、仕事中に気にしていたのは「評価」のことばかり。

たとえば女優のお仕事では、本番に入ったら自分の役にひたすら集中して、「共演者の演技を受けて、いい芝居をすること」が一番大切です。

それなのに私は、目の前の共演者ではなく、「近くで見ている監督の評価」にばかり意識がいっていました。「いま、どう見えているかな」「これで大丈夫かな。またお仕事もらえるかな」――そんな状態では、本当の意味で芝居をしているとはいえません。

当然、監督も評価してくれるわけがなく。なのに私はその反応を見てはさらに落ち込み、余計に集中できなくなる……。そんな状態をずっと繰り返していました。

そういったことが積み重なった結果、22歳のときに事務所をクビになりました。

そのときにやっと気がついたんです。

「私は評価のことばかり気にして、目の前の仕事に本気になれていなかったんだな」って。

実を言えば、『ホリエモンチャンネル』のMCに抜擢された当初も、「視聴者からの評価」が気になって仕方なかったんです。

最初の頃、動画のコメント欄には「お前なんかいらない」「寺田はバカ」「つまらないんだよ！」と私に対するアンチコメントがたくさんありました。それを書き込まれたくなかったから、ゲストをただただ褒めたり、自分の意見や疑問に思ったことも封印して、ただ堀江さんの話に同調したりしていたと思います。

するとと今度は、「お前が堀江さんと同じことを言うな！」というアンチコメントにつながってしまいました。

その八方塞がりな状況が、3年くらい続いたある日。堀江さんが「MCとして私を起用した理由」をこんなふうに説明してくれたんです。

「俺は人の気持ちを察したりするのが苦手だから、物事を説明するときに必要な言葉を省いてしまう。でも、それじゃ世の中には伝わらないんだ」

「お前は世の中を代表して、俺の説明がわかりやすくなるように隣に座っている。だから格好つけずに、思ったままのことを言えばいいんだよ」

それを聞いて私は、「そっか、思ったことはどんどん素直に口に出したほうがいいんだ」と思うようになりました。

やっと自分に求められている役割がわかったのです。

そして、**その場で期待されている自分の役割を全うすること**だけを考えるようになりました。

いまは「堀江さんと視聴者の架け橋になること」と「目の前の人の話に真剣になること」、それだけを考えながら、ＭＣに臨んでいます。

すると不思議なことに、あれだけ重く感じていたプレッシャーやアンチコメントへの恐れが、ふっとなくなったのです。消えてなくなったというよりは、「緊張や不安を超えた」ような感覚です。

番組を観た方からは「堀江さんや有名なゲストにも物怖じしないで、よくあんなに話せますよね」と驚かれたりもしますが、相手の機嫌を損ねないかどうか、気にしている場合じゃないんです。だって、自分の役割を全うすることに必死だから。

昔ももちろん仕事に本気だったけれど、「監督に評価されたい」「共演者に嫌われたくない」「事務所に見放されたくない」「売れたい」という思いで頭がいっぱいでした。

本気になるべき方向が違ったんです。

いまでは動画のクオリティに貢献することだけに本気になって、「どんな返しをすれば、相手はもっと話してくれるんだろう？」と頭をフル回転させています。

こんなふうに自分の役割に集中するようになったら、評価が気にならなくなって、落ち着いて状況を見つめられるし、うまく振る舞えるようになりました。

それから4年くらい経ったいまでは、アンチコメントが「寺田さんが視聴者目線で聞いて、話が逸れても引き戻してくれるから、堀江さんの話が聞きやすい」というコメントに変わったんです。アンチコメントを書かれるにも理由があるもんですね（笑）。

それに、ほかのお仕事にもつながるようになりました。

いまは『B.R.CHANNEL』のMCも任せていただいていますが、それが決まったのは『ホリエモンチャンネル』を観た同番組の社長さんが「寺田さんみたいな子をアシスタントとして起用したい！」と言ってくださったことがきっかけです。

こんなふうに自分の役割に集中すればするほど、人目が気にならなくなってパフォーマンスが上がるし、それに伴って実力もアップしていくからお得だと気づきました。

緊張や不安を感じてしまう場面があったら、自分の心に「**いま、目の前のことを成功させるために、自分の『失敗したくない』『嫌われたくない』『評価されたい』という思いは必要だろうか？**」と問いかけてみてください。いま、本当に意識を向けるべきことは何か、自然と見えてくるはずです。

本心を言えば、いまでもやっぱり人目は気になるし、周りからはよく見られていたい思いもあります。

でも、本番のときだけは、自分の役割を全うすることに集中する。これが自信を持ってもっといいパフォーマンスをするための、いちばんの近道なのだとわかりました。

02

タイジリョク

大物にだって弱点はある

完璧な人間なんていません

いわゆる〝大物〟と呼ばれるような人には、「ものすごい才能や実力のある、素晴らしい人」というイメージを抱いてしまいがちです。まるでスーパーマン、あるいはラスボスであるかのように、「自分にはかないっこない相手だ」「こんな自分が対等に接するなんて無理」、そう思って萎縮してしまうかもしれません。

でも、誰しも人間なんです。

どんなすごい人にだって、必ず「弱点」があります。

そのことに気づいたのは、2010年に出演した舞台でのこと。

堀江さんが主演を務める『クリスマス・キャロル』というミュージカルに役者として参加した私は、初めて堀江さんとお会いしたのです。

当時の堀江さんはもうすでに超有名人で、「プロ野球参入を訴えたり、テレビ局を買収しようとしたりした時代の寵児」「何でもできるすごい起業家」という印象をもっていました。

でも、稽古を重ねる中で、堀江さんにはミュージカルを行う上で、大きな弱点があることがわかりました。

堀江さんは、ダンスが苦手だったのです。未経験なのだから当然といえば当然なのですが……そんなふうに一世を風靡した起業家にも弱点があると気づいて、私はなんだかハッとしたのです。「そうだよな、人間なんだから苦手分野くらいあるよな」と、妙に納得したのでした。

それまで雲の上の存在のように感じていて、「実在しないんじゃないか？」と思ってしまうくらいの人だったのに、苦手分野があることで、地上に降りてきてくれた。「この人も私と同じ人間なんだ」と思えたような感覚でした。

誰にだって弱点はある。当たり前だけどときに忘れてしまうことを思い出させてくれたのが、堀江さんのように、一見弱点なんてないように見える〝大物〟たちです。『B.R.CHANNEL』で共演している戸賀敬城さんも、「完璧な人だ」と思っていたけれど、弱点がありました。

戸賀さんと言えば、メンズファッション雑誌『MEN'S CLUB』の元編集長で、就任から9年の間に雑誌の売上をV字回復させた人物です。だけど、実は「話が長くなりがちでまとまらない」という弱点があったんです。だから動画には出たくないんだ、と。これは、戸賀さんが自分から私に話してくれたことです。

こうして、すごい人にも弱点があることがわかった私は、大物とはじめて対峙する場面でも「この人たちも私と同じ人間なんだから、弱点はあるはずだ」と思うようになりました。すると、緊張をうまくほぐせるようになったんです。

それまでは「完璧な大物と対峙するには、自分も完璧な状態でいなきゃいけない」とプレッシャーを感じて、必要以上に緊張していました。それがいまでは、「**自分の弱点をなくさなくてもいい。だって、この人にも弱点があるんだから**」「**いまは自分の弱点を心配するより、とにかく目の前の相手に本気で対峙することのほうが大事なんだ**」と思うことで、落ち着いて相手に向き合えています。

必要以上に萎縮したり、緊張したりしてしまう相手と接するときは、「この人も自分と同じで、弱点だってある。同じ人間なんだ！」ということを思い出してみてください。

03

タイジリョク

尊敬される人ほど、人を尊敬している

「助けて」が言えないのが一番ダメ

すごい人って、最初から「すごい人」だったようなイメージがありませんか？
でも、そうじゃないんです。人間なんだから弱点もあるし、たくさんの失敗もしている。その上で、自分の弱点を認めて、どうやったらそれを乗り越えて成功できるか、真剣に考えているんです。

それに気づいたのも、『クリスマス・キャロル』の稽古で、堀江さんの「ダンス」という意外な弱点を知ったときです。堀江さんはできない自分を認めた上で、「俺は人の100倍努力しないとできないから」と、稽古場の隅で必死にステップを踏んでいました。

どんなに成功している人だって、できないことはあるんだ。しかも人一倍の努力をするんだ。ダンスでこんなに努力するってことは、絶対にほかのことでも努力しているんだろうな——なぜ堀江さんが成功したのか、その理由がわかった気がしました。

そして堀江さんは、稽古の途中で、私にまで「ダンスを教えて」と頼んできたんです。
私はオーディションでその役を勝ち取ったのですが、ダンスを評価されて受かったわけではありませんでした。そして当時、知名度や特別な人気があったわけでもありません。つまり、キャストの中では、特に目立たない存在でした。

にもかかわらず、堀江さんは「有希は俺よりダンスできてすごいじゃん」と本気で褒めてくれて、私から学ぼうとしてくれたのです。

そのとき、「この人はすごいな」と思いました。だって、私が堀江さんの立場だったら、「お前、俺よりはダンスできるかもしれないけど、売れてないじゃん。全然知名度ないじゃん」と見下して、何かを教わろうなんてしなかったと思うから……。

だけど堀江さんは、私のいいところを見つけて尊敬してくれました。そして本気で私から教わろうとしてくれました。


実はそれまでの私は、自分が褒められる立場にないとき、誰かの弱点を探すことでバランスを取ろうとする癖がありました。本当にお恥ずかしい話なのですが……。

小さいころから人と自分を比較しては、「この子は私より運動ができるけど、勉強ができないから」と考えたり……人の弱い部分を探しては、「私はすごい人間なんだ」と思い込もうとしていました。自分の価値を保つ方法を、それしか知らなかったんです。

その癖が抜けないまま、15歳で芸能界デビューします。すると、芸能活動で思うように評価されなかったとき、「本当の私はこんなもんじゃない。本気を出したらいつでも評価されるんだ」と思うようになりました。

たとえば、ドラマでいい役をもらえなかったとき、「私に合った役が来ていないだけ」「私の良さを引き出してくれる人に出会っていないだけ」と、できない自分を肯定し続けていたんです。**俗に言う、「まだ本気出してないだけ」理論。**まさにそんな感じでした。

できない自分・弱点と、一向に向き合おうとしなかったんです。

そんな昔の自分が大嫌いだし、「お前に人のことを見下すことなんかできないよ、バーカ！」といまは思うんですけど……当時の私は、そうでもしないと自分を保てなかったんです。

そんな人生を22年間続けた結果が、事務所からのクビ宣告。

当時はとても辛く、「なんでやねん……」と思いましたが、いま思うと当たり前ですよね。事務所の方々の判断は賢明だったと思います。こんな考えのやつが売れるわけがありません。

いまではその決断に、心の底から感謝しています。クビを宣告するのも辛かったはず……なのに大きな決断をしてくれた。あの絶望と挫折がなければ、私はいまでも変わろうとしていなかったでしょう。

ですがそんなことに気づけたのは、数年が経過してからのこと。当時の私に残ったのは、「自分の弱さを認められないまま、歳だけ重ねてしまった自分」と「虚無感」だけでした。

弱点があること自体がダメなわけじゃありません。

弱点に気づいた上で、それを認めないこと、「助けて」と素直に周りに助けを求められないことがダメなんだと思います。

堀江さんは、「ダンスを教えてほしい」と私に助けを求めてくれました。のちに動画番組を始めるときも、「俺は人の気持ちを察したりするのが苦手だから、お前が視聴者との架け橋になれ」と言って私をキャスティングしてくれた。戸賀さんも「俺は話がまとまらないから、それを軌道修正しながら、うまく話を聞いてくれる有希ちゃんの存在が有り難いんだよね」と言って、私を頼りにしてくれます。

そんなふうに、すごい人たちは自分の弱点を自覚して、それを恥ずかしがらずに人に言えます。そして、その弱点を乗り越えるために、「自分にはできないことだから、あなたに◯◯をしてほしい」と人の力を借りていく。

だからこそ、この人たちは成功したんだなと気づきました。

自分の弱点を受け入れて、相手のいいところを尊敬して学んだほうが物事はうまくいくし、人生は豊かになるんです。


世の中から「すごい」と言われている大物にも、できないことは必ずあります。

もしかしたらそれは、あなたのできることかもしれません。

まずは自分の実力を知って、自分に足りない力をもっている相手を、素直にリスペクトすること。

そのマインドをもつことが、人とうまく対峙するための出発点になります。

尊敬される人ほど、人を尊敬しているんです。

04

タイジリョク

「そこにいる」時点で才能がある

自分の素質を伸ばせばいい

人は弱点があって当たり前。とはいえ、仕事で失敗してしまったり、すごい人たちとの差を目の当たりにしたりすると、「自分はなんてダメなんだ……」と自分を卑下して、その場にいることがいたたまれなくなるかもしれませんね。

でも、あなたがその場にいることには意味があるし、必要とされるあなたの能力だって、必ずあるんです。

先ほども述べましたが、「完璧な自分でなければ価値はない」と思っていませんか？　そうなるのは、学校や会社などで「自分の足りないところ」を指摘されたことがあるからかもしれません。たとえば、数学のテストの点数が低くて親や先生に叱られたり。営業成績がよくなくて上司から叱責されたり。

人って、ついつい足りないところに目がいってしまいます。

どこかがボコッと凹んでいたら、どうしても目に付くものです。

でも、凹みの両側をよーく見てみてください。

凹みの隣は、必ず凸になっているんです。

どんな人にも絶対に、何かしらの長所があります。

数学ができなくても、絵を褒められるかもしれない。人見知りで飛び込み営業が苦手でも、じっくり信頼関係を築くことは得意かもしれない。

これまでに、家族や友達に「絵が上手だよね」とか「想像力が豊かだよね」とか、褒められた経験が一回はあるはずです。

だから、ダメ出しされたことばかりを気にするのではなく、誰かが「いいね」「すごいね」と褒めてくれた経験がないか、思い出してみてください。

それは周りが気づいているけど、自分では気づいていない長所かもしれません。

もしくは、ご自身で言い換えてみてください。「私は事務作業しかできない」ではなく、「私は事務作業が得意」。「私はうまく喋れない」ではなく、「人の話を聞くのが得意」といったふうに。

これらを伸ばしていくほうが、人生は遥かに豊かになります。

そもそも、あなたがその場にいるのは、必要だからです。

誰かがあなたに何かを期待して連れてきてくれたからです。

大物の人も、とある才能が認められてそこにいる。あなたも、とある才能があるからその場所にいる。

仕事なんて特にそうだと思います。いくら「新人」だとか「経験が足りない」としても、そこに至るまでには面接やインターンを経てきたはず。少なくとも、誰かが「来ていいよ」と言ったからそこにいるはずです。

自分がその場にいることには必ず意味がある。チームにとって必要な才能を、必ず持っています。

そのことに気づかせてくれたのは、『B.R.CHANNEL』と干場さんでした。

番組に起用された当時、私はファッションのことを全く知りませんでした。だから、自分がそこに必要な理由がわからなかったんです。

でもあるとき、干場さんがボケたんですよ。それに果敢にツッコんだ。この行動に現場のみんなが喜んでくれたことで、気づいたんです。大物にもひるまず話をし、そしてツッコむこともできる私の力を必要としてくれていたんだと。

たしかに干場さんは、私に知識を求めることは一切しませんでした。そして、知識がないからとバカにすることも決してしない。「有希ちゃんのツッコミは本当に面白いよね」と、才能を認めて、頼りにしてくれます。だから私は、ファッションの知識がない自分を卑下するのではなく、必要とされる才能をいかに伸ばすかを考えることができたんです。

そしてもう一つ重要なことは、これら全ての事実を理解・想定した上で、社長は私を起用してくれていたということ。

あなたをその場に導いてくれた人がいれば、必要としてくれる人も必ずいます。大切なのは、その場にいる意味が必ずあると理解した上で、その意味は何か、自分の才能は何かを考え、その力を発揮しようと必死になることだと思うんです。

チームの形を多角形で表すとしたら、それぞれの角には「リーダーシップ力がある人」とか「お金の計算が得意な人」など、自分の素質を活かせる人が立っています。「経験豊富でその分野に詳しい人」がいたとして、その反対に「経験が浅いからこそ斬新な視点を出せる人」がいたら、もっと幅広い多角形をつくれます。

それぞれがそれぞれの一角にいるからこそ、多角形が形づくられてチームになれるんです。

まずは、「自分がここにいることには必ず意味がある」と気づくことから始めましょう。そしてそれが、大物と対等に向き合える自信につながっていきます。

また誰かのいいところを見つけたら、素直に言葉にしてみるのもおすすめです。初めは照れくさいですが、その少しの勇気が、誰かの自信に変わります。

自分の言葉によって自信を持ち、輝いていく人の姿は、とても幸せな気分にしてくれます。それがまたあなたの自信に変わる。いい連鎖が起こっていきますよ。

05

タイジリョク

スターじゃなくても輝ける

スターではなく
トップを目指す

「自分のしたいことで、自由に生きていくこと」が主流になりはじめた世の中には、それを実現した人たちの言葉が溢れています。

「自分も好きなことを仕事にして、輝かしいスターになりたい、ならなきゃ」と思う人も少なくないと思います。

確かに、好きなことを仕事にしたり、そのために努力するマインドを持ったりするのは素敵なことです。チームを先導していくリーダーや、花形業務に抜擢されるような天才肌ってやっぱりカッコよく見えます。

だけど、そういう人たちを見つけると、同じように輝いていない自分に落ち込むことはありませんか？　私はしょっちゅうです（笑）。


ただ、スターになれなくても、「必要とされる人」にはなることができます。

私自身、スターを目指していた過去があったからこそ、それを強く実感しています。

当時は、芸能人として事務所が敷いてくれたレールの上を歩いていたからこそ、「自分の素質を活かせば、もっと芸能界で活躍できるはずだ」と思っていました。

その結果が、事務所からのクビ宣告……。自分では時代を切り開くスターの素質があると思っていたけど、周りの判断は違ったというわけです。

それに薄々は気づいていたのに、納得ができなくて、「いや、それでも事務所の判断が間違っていただけで、私には素質があるんだ！」と思い込んでいました。

だから、フリーになったあとは「ベンチャー女優」と名乗って、ライブを企画したりカレンダーを発売したりと、起業家のように、ほかの人がやらないことにも挑戦し続けたんです。

ただ、『ホリエモンチャンネル』のMCを続ける中で、「自分は全くスタータイプじゃないんだな」とようやく納得することができました。というのも、あらゆる分野ですずば抜けた成功をおさめる、スタータイプの人たちを目の前にし続けてきたから。

スター性って、「あれをやりたい！」と思ったときに即座に動けたり、「あれが面白そうだ」とチャレンジを怖がらなかったり、感性のままに突き進める能力なんじゃないかな、と私は思っています。

私の考え方はそれと比べたら全然保守的で。「こんなに保守的だったら、時代を切り開くスターになんてなれるわけがない！」と悟りました。

でも、そのことに気づいて思ったんです。

「別にスターじゃなくてもええやん」って。

スターやリーダーという存在に固執しすぎていた自分に気がつきました。

時代を切り開いていける人を前にすると、そうじゃない自分と比べては、「自分はダメなやつだな」とか「すごくない自分ってだっさいわ……」と自分を卑下してしまうこともあると思います。各分野で成功している人を見ると、どうしてもそう思ってしまいますよね。個が活躍できる時代だからこそ、そう感じるタイミングも多いかもしれません。

そして、そんな時代を切り開く人と自分を比べ、つい焦ってしまったりしませんか？

でも、全員がスターになる必要はないし、チームの先頭に立って「こっちだよ」と旗を振れる人じゃなくてもよくて。

先ほどお話ししたように、あなたにも必ず何かの才能があります。その才能を活かすことで、必要な一角になることはできると思うのです。

だからこそ、「いまのままの生活じゃダメだな、何かしなきゃ」と思い立ったとき、「あの人のやりたいことを応援できそうだから、支える側に回ろう」みたいな生き方もありなんじゃないかな、といまは思っています。

そうすれば、持っている素質の違いに悩むこともありません。

誰かのやりたいことに共感できたら、その人を支える立場に回ればいいんです。

支えられる人は、どんなときでも役に立てるし、「その場にいてほしい人」になれます。

実は、それもひとつの生き方なんだと思えるようになったのは、つい最近のこと。MCをはじめてからの7年間、好きなことに没頭して生きる人や、一念発起して好きなことで起業した人たちと、たくさんお会いしてきました。私には、その人たちがたまらなくかっこよく見えたんですよね。

とはいえ、「じゃあ、自分は何をやりたいんだ?」と自問自答を繰り返し続けたら、「敷かれたレールの上を歩くことが好きな自分」に気づいたわけで。そんな自分を認められるようになって、「スターってかっこいいけど、自分にはできないな」とわかったんです。

それでも、私はスターの話をうまく聞くことはできます。その自分の強みに気づいた瞬間、それまで「スターになりたい」と葛藤していた気持ちが吹っ切れた。

「スターにならなくても、いまいる場所で求められているなら、それでいいじゃん。むしろ、『支える人』としてトップになればいいんだ」と思うようになったんです。

MCというポジションになって、はじめて気づけたことがあります。それは、誰かを支える仕事には「やりがい」や「楽しさ」があること。

支える仕事には、常に誰かのことを考えて行動しなきゃいけない一方で、日の目をあまり浴びることがなく、ただただ大変そうなイメージがありました。でも、実際にMCをしてみたら、「どうしたらこの人は輝くのかな？」と考えて、相手の魅力を引き出すことが楽しいと思えた。それに、魅力を引き出して、相手がどんどん輝いてくれることが嬉しいんです。

支える人としての仕事では、私は「自分を使いこなすことができる」と感じています。これは、「支えられる人」であろうとしていたときには得られなかった感覚です。

「どう輝きたいか」考えて、そうあるために努力することだけじゃなく、「自分を輝かせる場所」を見つけることも同じくらい大切なんですね。

自分のことをよく知って、自分という人間を使いこなせるようになると、自分にも周りにもメリットしかなくてお得だし、何より、楽しいですよ。

これからも自分自身を使いこなして、自分にできることを着実に増やしていきたいと思っています。そうすれば、「支える人」というある意味〝二番手〟なポジションの中で、〝一番手〟になれるかもしれません。それがのちに、夢を叶えることにもつながるかもしれません。

「スター」と「トップ」は違います。誰もが時代を切り開くスターになる必要はありません。スターの素質がないと悩み疲れてしまうより、自分の才能を活かして、自分だけの分野のトップを目指す方が、私は幸せなんじゃないかと思うんです。

大事なのは、自分の素質を知ることです。

自分の中にある素質を伸ばしていけば、誰だって「欠かせない人」になれます。

明日からできる!「仕事」と対峙するための5つの質問

❶「その仕事の目的は?」

全うすべき役割と仕事のゴールを
はっきりさせよう

❷「あなたの才能は何?」

人から褒められたことを3つ思い出してみよう!
きっとヒントが隠れているはず

❸「あなたの弱点は何?」

苦手なことも、
1つでいいから思い浮かべてみよう!
認識することで強くなれる!

❹「あなたができないことをできる人は、周りにいる?」

それはどんなこと?
素直に「すごい」と認められている?

❺「あなたがいるべき場所はどこ?」

①〜④がきっとあなたを導いてくれる

第3章

信頼できる自分に変わる
——「自分」との対峙

自分の能力・経験・価値を信頼できる＝自信をもっている、ということ。信じられる自分・頼れる自分になるための7つの心得をお伝えします。

01

タイジリョク

心得❶：とにかく笑顔でいるべし

いちばん簡単なのに、
意外とできていないこと

信頼できる自分になるために、とても重要なことが一つあります。

それは「笑顔」です！

「そんな当たり前のことを言われても……」と思われたかもしれません。

でも、本当にいつも笑顔でいられていますか？

緊張する場面ほど、つい顔がこわばっていませんか？

仕事の場面で笑うことに抵抗を感じていたり、無表情のまま淡々とこなしていたりしませんか？

ＮＨＫの連続テレビ小説『だんだん』に出演させていただいたときの話です。

主演の三倉茉奈ちゃんと三倉佳奈ちゃんはいつも、「おはようございます！」と笑顔で現場に入ってきてくれました。すると、その笑顔につられてみんなが一気に笑顔になって、現場が明るくなるんですよね。

私は茉奈ちゃんとの共演シーンばかりだったので茉奈ちゃんの印象が強いのですが、彼女は本当にいつもニコニコ。セリフ量も多いし、主演の重圧もあったと思います。それなのに、笑顔で挨拶をしてくれるだけでなく、撮影の合間もニコニコして、他愛もない話もして、みんなを和ませてくれました。

それを見て、「場をつくるには笑顔が絶対に必要なんだ」と実感したんです。

人に笑顔を向ける回数を意識して増やすだけで、周りの空気は確実に変わっていきます。

その場がどんどん明るくなって、いろいろなことがうまく回り出し、自信を持つことにつながるんです。それをぜひ、体感してみてほしいです。


ですが、緊張する場面でいきなり笑えと言われても難しいですよね。

だからこそ、普段からあらゆる場面で「意識して」笑顔をつくっておくことをおすすめします。

無理やり笑えとか、鏡の前で笑顔の練習をしろ、と言いたいわけではありません。笑顔でいる自分に、慣れてほしいなと思うのです。

仕事場で。プライベートで。

自分が「あ、いま無表情だな」と思ったとき、勇気を出して、60%でもいいから笑顔をつくってみるようにしてください。

そうすれば、空気が柔らかくなります。だんだんみんなが笑顔になってくれて、またそれにつられて自分も自然に笑顔になれることがわかるはずです。

『だんだん』の現場でそのことを学んでから、私も「とにかく、まずは笑顔でいること」を心がけるようになりました。

現場入りのときは特に意識していました。「おはようございます……」と暗い挨拶にならないように、ドアを開ける前から笑顔をつくっておいて、「おはようございます！」と明るく挨拶できるように準備しておくんです。

やっぱり最初が肝心です。仕事場に着いたときや自己紹介、自分が話し出す前など、自分からアクションを起こすときにはまず笑顔。MCを始めたときも、オープニングトークで自己紹介したあとは、なるべく多めに笑うように意識していました。

相手の話にじっと耳を傾けているときなど、思い切り笑顔になるとちょっと不自然になりそうな場面では、「口角の上がった表情」になるように気をつけていました。

口角さえ上がっていれば、ぶすっとした顔になるタイミングが生まれません。真剣になるほど硬くなってしまいがちな打ち合わせや交渉などでも、それだけで場の空気が和らぎ、積極的な意見や新しいアイデアも出やすくなります。

いまはもう、意識しなくても自然と笑顔でいられるようになりました。人と会うときは笑うこと、普段から口角の上がった表情でいることがデフォルトです。

そうなってから、なんだか常に自分の周りが明るい気がするんです。実際、嬉しいことに、「寺田さんと会うと元気が出ます!」「ここに来る前は緊張していたけど、寺田さんがニコニコと話を聞いてくれたので、リラックスできました」と言っていただけることもあります。相手と私がじっくり会話をしたわけでもなく、ただ同じ場にいただけでそう言っていただけることもあって。そういうとき、私は何も特別なことはしていなくて、とにかく笑顔でいるようにしているだけです。

緊張する場面ほど、まず笑顔! 笑顔が難しかったら、せめて口角は上げる!

いつもより1つでも多くの笑顔を意識するだけで、周りの空気が明るくなっていきますよ。

02

タイジリョク

心得❷：「妄想」で本番慣れする

本番との差を日々小さく

何かに対してもっとも緊張したり不安になったりするのは、実は本番当日より前日なのではないでしょうか。昇進のかかった試験や大きなイベントの実施日など、予定が決まった瞬間から気が重くなり、ふとした瞬間に「あと何日だ……」と考えてはドキドキする。前日の夜ともなれば、いよいよ緊張が高まって、本番を迎えるのが怖くなってしまいますよね。

そういうとき、「何度でもやり直しができれば、落ち着いて臨めるのに……」「事前に何が起こるか把握できていれば、焦ってしまうこともないのに……」と思ったことがあるかもしれません。めちゃくちゃチキンな私も、よくそんなふうに思います。

だから私は、頭の中で本番のイメージを「妄想」するようになりました。

そうすることで、緊張を和らげることができるんです。

たとえば、「明日はどんな感じの収録になるのかな?」と現場を妄想します。すると、無意識のうちに「これは(妄想で)何度も経験したことだからもう大丈夫!」と脳が錯覚するのか、落ち着いて臨めるようになるんです。頭の中であらかじめ「場慣れ」させておくイメージですね。

初対面の人など、どう対応すべきかわからない人に会うときは、相手が自分にやさしく接してくれる様子を妄想します（笑）。会ってもいないうちから「きっと怖い人だ」「冷たい人だ」と怯えを抱くより、「やさしい人だ」と妄想しておいたほうが精神的に楽だし、当日もこちらから心を開き、自然体で接することができて、打ち解けやすくなるんです。

また、「明日はこういう感じになりそう」と妄想しながら、「過去にも似たような場面があったかどうか？」を思い出すようにもしています。

「似たような現場で、こんなコメントを言ったら反応がよかったな」とか、「あのときはあそこがちょっとうまくいかなかったから、次は〇〇してみよう」など、過去の成功体験や反省点を振り返ります。

そうやって思い出していったことを頭の中で整理しながら、「その中からどれを出せば、今回の本番ではうまくいきそうか？」を妄想していきます。

そんなふうに「Aパターンになったら、こう切り返そう」「Bパターンになったら、こんな質問をしよう」と想像できる全てのパターンについて、ベストな対応を一通り考えておく。

こうすれば、「どのパターンが来ても対応できる準備は整っているから、本番でもとっさに切り返せる！」と思うことができます。

戦いに出る前に、「こういう剣を持っていたな。よしよし、明日もがんばれよ」と使えそうな武器を一つひとつ磨きながら、武器庫を整理するようなイメージですね。

前日に「この棚には何が入っていたっけ？」「そうか、これがあったな」と武器庫の棚を確認するんです。

すると、「これだけの武器があるから、明日は戦えるぞ」と安心できるし、とっさの場面でもサッと取り出しやすくなります。


ただし、重要なのは、これらの妄想はあくまで自分の精神を落ち着け、余計なプレッシャーを打ち消すために行っているということ。

妄想した内容は、本番前に全て忘れるようにしていて。

というのも、「あのとき、こんなふうに成功したから、またその流れをつくれば大丈夫だろう」と成功体験に引きずられすぎると、それは「台本」になってしまうから。

どんなに似た状況だとしても、同じ瞬間は二度とないんです。その場その場に全力で向き合って対応を考えていくことが常に最優先です。

そして本番が終わったら、1人で振り返りをします。

すると、「妄想していた本番」と「実際の本番」との違いが明確になります。そこから「こういうときはこういうことが起こりやすいんだな」と新たなパターンを学ぶことができるし、「この差を埋めるためには、××をもっと磨かなきゃ」と自分の課題も明確になります。課題を解消するよう努力すれば、また一段レベルアップ。

これを繰り返すうちに、だんだん「うまくいく妄想」が現実に近づいてきます。妄想と本番の差が日々小さくなっていくんです。

03

タイジリョク

心得❸：スイッチは思い切り入れる！

そして、思い切りオフにする

「仕事とプライベートをうまく切り替えられない」と悩む人はたくさんいるはず。超不器用人間な私も、いきなり仕事モードになることはできません。だから、「仕事モードになれるスイッチ」を思い切り入れています。

私にとってのスイッチは「メイク」と「衣装」です。

というのも、15歳から芸能活動をしていて、現場にはすっぴんボサボサの状態で行き、そこからメイクをして衣装を着たら、「これから仕事が始まるんだ」と思う感覚が自然と身についているから。

いまでも、メイクしたり衣装を着たりすると、スイッチが入って「私、できる気がする！　今日も仕事をがんばろう！」と、戦闘モードになれるんですよね。

何度も言いますが、私は小心者の人見知りなんで、このスイッチがなければとうてい人と向き合ったりすることなんてできません（笑）。

そんなふうに「自分をいちばんよく見せられる状態」をスイッチにしましょう。そうすれば自信を持てて、仕事モードに入りやすくなります。

女性だったら似合うメイクをしてみたり、ヒールのある靴を履いてみたり。お気に入りのアクセサリーや、リップなんかでもいいかもしれません。男性でもネクタイを締めたり、髪にワックスをつけたりと、自分なりのスイッチを何かしらつくれるはずです。

とにかく、「この自分ならがんばれる！」という、自分が好きになれる自分をスイッチにすることが重要です。

それに、スイッチをつくると仕事のオフモードもつくれるので、メリハリが生まれて仕事しやすくなるんです。

特に私は仕事柄、自分が商品でもあるので、仕事後はスイッチをオフして、「タレント寺田有希」とは別の「プライベート寺田有希」をつくらないと、休んだ気になれないんですよね。

だからこそ、仕事前にはガッシャンと勢いよくスイッチを入れて、仕事後は速攻オフにする。そうするとラクなんです。

自分と向き合ってみて、自分なりのスイッチを見つけてみてください。

04

タイジリョク

心得④：自分の「見た目と声」を分析すべし

コンプレックスは活かさなきゃ損！

人は見た目よりも中身。よくそう言いますよね。私も、人と出会ったときは相手の中身を知ろうと努力します。

でも、会ったときに最初に目に入り、第一印象を決めるのは結局、外見。まずはそこから人となりを想像してしまうのが、人の心理として普通のことだと思います。

だから、やはり見た目の印象って大事なことなんです。知り合ったあとの関係や仕事の円滑さにだってかかわってきます。

年齢も性別も問わず、どんな人も、「自分は人にどんな印象を与えるのか」を研究していくことをおすすめします。

けれど、自分の見た目の印象に向き合うということは、コンプレックスに直面するということにもつながります。特に骨格や声質などの要素は生まれつきのもので、まず変えることができませんよね。

それなら、変えられないものは「自分の武器」として活かしたほうがいいんです。

あなたが「欠点だ」と思っていることは、ほかの人にとっては「羨ましい」と思うことかもしれませんから。

そう思うようになったのは、私には「身長が低い」というコンプレックスがあったから。

15年くらい前は俳優の平均身長が上がってきた時代で、180センチくらいある身長の高い俳優が増えました。

その中でドラマのオーディションなどを受けに行っても、身長が152センチしかない私は「身長が低い」という理由で、オーディションに落ち続けたときがあって。私の身長だと、同じ画面に背の高い俳優とバランスよく収まらないからです。それからずっと、この身長がコンプレックスでした。

ただ、ドラマの撮影現場では欠点になった低身長も、ほかの現場では自分の武器になったんです。

たとえば、1人で歌ったりパフォーマンスしたりするとき、私の笑顔や声とすごくマッチしました。それが「かわいらしい」とか「明るい」というイメージを表現するのに、ぴったりだったんですよね。

こんなふうに、ある場所では欠点になることでも、違う場所では長所になることがたくさんあります。

また私は、自分の声が大っ嫌いでした。

自分の声をはっきりと自覚したのは、高校生で初めてラジオ番組に出演したとき。オンエアで自分の声を聞いて、「なんだ、この声。いままでこんな声で喋っていたの？」と衝撃だったんです。自分の声質が嫌で嫌でしょうがなくて。ラジオは楽しいけど、この声をたくさんの人に聞かれているのは嫌だなと、ずっと思っていました。

嫌いだからこそ、自分の声をたくさん研究しました。オンエアを聞いては「あのときの話し方だと、視聴者にはこんなふうに聞こえるんだ。聞きづらいな」と自分の声を理解し、分析し、話し方を工夫していきました。

すると、周りから「声が通りやすいよね」とか「響きやすい声だね」と褒められることが多くなり、「この声は武器になるんだな」と思えるようになりました。**特徴的で嫌いだからこそ、逃げるんじゃなくて活かす方法を考えていたら、いつの間にか、コンプレックスが武器に変わっていたんです。**いまや、自分の声が好きです。

武器にすることができれば、いろんな場面で使い方を変えることもできて便利です。

たとえば、私の声は高音で通りやすいという特徴があります。

だから、一気に話そうとするとキンキン声になりやすいので、女性同士で話したりするとき、少し低く出すことを意識して、早口では話さないようにしています。

一方、声が通るので、イベント会場でみんながうわーっと盛り上がっているときなど、何かズバッと言って割り込むことができ、自分のターンに話題をもっていけるんですね。

自分の見た目や声を理解している人は、「周りは自分にこういう印象を抱くはずだ」とある程度、想像がつきます。だからこそ、それを活かす努力もできると思うんです。

チビで肩幅が狭い私は「舞台上で威厳がないように見られてしまう」と自分自身にもたれるイメージを想像できます。

そこで、威厳を出せるように、手をすごく大きく広げたり、胸を張ったり、工夫ができる。すると舞台から降りたとき、対面した人から「身長がもっと高い人なのかと思っていました」と驚かれることがよくあります。

特徴を理解できていれば、工夫次第で印象を変えることもできるんですよね。

たとえば身長が高くて威圧感があると思われそうな人は、優しく聞こえる話し方を研究してみたり、声がこもって話が伝わりづらい人は、伝わりやすいようにゆっくりと話してみたり。

そもそもコンプレックスって、隠そうとすればするほど逆に目立ってしまうものだと思いませんか？

堂々と見せていれば「そういうものなんだな」と相手の意識から流されていたり、むしろ羨ましいとさえ思われていることも多いのに、下手に隠そうとするからこそ、「どこが嫌なんだろう？」と逆に目立ってしまう。

だから、活かす方向で考えていったほうが絶対にいいと思うんです。

そのためにも、まずは自分が与える印象と向き合い、外見と声を分析していきましょう。

武器は、その特性をよく理解すればするほど上手に活用して戦うことができますよね。それと同じです。自分の印象をいちばんよく知っているのは自分であるべきです。

人はそれぞれ、自分の見た目のどこかしらにコンプレックスがあるはず。変えることが難しいものほど、気になって隠そうとしてしまいますよね。

だけど、そんな自分の嫌な部分と真正面から対峙して、うまく付き合っていくことができれば、武器になります。自分の弱点だと思っていた部分を、自信に変えていくことができるんです。

コンプレックスは活かさなきゃ損！

05

タイジリョク

心得❺：周りの評価に自分のキャラを近づける

周りのプラス評価がいちばん正しい

憧れの人に近づこうと努力しているのに、なかなか評価してもらえない。そんな状況にモヤモヤしていませんか？　その経験が私にもあります。

ただ、いまでは「憧れの人」よりも「人から褒められるキャラクター」に自分自身を近づけるようになりました。


私はもともと、クールな雰囲気をもつ女優になりたくて。

でも実際はチビだし童顔だし、その理想とはかけ離れていて。理想と現実との差を感じれば感じるほど、「全然違うじゃん……」と、自分のことが嫌になってしまったのを覚えています。

すると、さらに憧れって強くなって、「なんで私はチビで童顔なんだ！」と、自分を否定してしまうんですよね。

「笑顔が素敵だよ」「小さくてかわいいね」と周りの人たちはせっかく褒めてくれているのに、それを素直に受け止められず、自分を否定し続ける日々でした。


ただ、どんなに努力したところで私は私。憧れの人に100％なれるわけなんかありません。先ほど述べた通り、特に外見や声などの生まれ持ったものは変えることもできません。

それなら、「もうしょうがないな」って、あるとき憧れを目指すことを諦めたんです。そうすると、自分らしく気楽に戦える機会が増えたんですよね。そして、褒めてくれる人たちに、素直に感謝できるようになったんです。

見た目やキャラクターって、ないものねだりなことが多いですよね。人と自分を比べるほどに、人が持っているものを羨ましく思ってしまう。でも裏を返せば、その人は自分が持っているものを羨ましく思っているかもしれない。

だとしたら、周りが褒めてくれることって、いままで短所だと思ってしまっていた、自分の長所なのかもしれないって。そう思うようになりました。

いままでは、人が褒めてくれた「笑顔が素敵」や「小さくてかわいい」を武器にすることでより強く、より自分らしく戦えるようになったんです。

長所を褒めてもらったときに「いや、そんなことないですよ」と謙遜したりする人はたくさんいます。

こういった謙遜は、慎ましさを美徳とする日本の良き文化だと思いますが、もったいないことも多いなと感じます。何かしてもらったとき、「ありがとう」ではなく「すみません」と言ってしまいがちなのもそうですね。

そうやって、プラスな言葉をかけたつもりが、マイナスな言葉で返された相手は、「余計なことだったかな?」と感じる可能性がありますよね。

それだと、せっかくの相手の気持ちを否定するような感じがして、嫌なんです。

だから、褒められた言葉は事実としてありがたく受け入れて、感謝の言葉で返すようにしています。

もし自分ではいいと思えないところを褒められたとしても、「本当に⁉ 気づいてなかったから、言ってくれてありがとう!」と返していく。

仮に社交辞令だったとしても、「でも、本当は○○なんですよ」「自分のこういうところ嫌いなんですよ」と返すよりずっと場の雰囲気が明るくなるし、お互いに気分がよくなるからです。

褒めてもらったことを認める習慣を持つと、自信がついてきます。

相手の気持ちを「いやいや」「でも」と否定するのではなく、「ありがとう」と返せる人生のほうがお互いに幸せだと思います。

断言します。「人から褒められるキャラクター」に自分自身を近づけていくほうが、人生はもっと生きやすいものになります。

褒められた長所を信じる勇気を持ってみてください。

06

タイジリョク

心得❻：近くにいる人の言葉を信じる

悪口からは逃げてもいい

誰かから嫌なこと、心ないことを言われ、モヤモヤした経験って、きっと誰にでもあると思います。社会に出てからも、チクッと嫌味を言われたり、自分のやり方を否定されたり、見下されてマウントをとられたり、理不尽なことで叱責されたり……。**誰か1人からでも悪い見方をされていると感じると、まるで周囲の人全てが自分のことを悪く思っているように感じてしまうことって、ありませんか。**

私も散々悪口を言われてきました。私の場合は表に出る仕事なのでちょっと特殊だと思いますが、目に見える形で罵詈雑言をぶつけられることも多いです。いわゆる、アンチという存在がいるのです。

『ホリエモンチャンネル』のMCに抜擢されてから、私はアンチに叩かれ続けてきました。

「お前なんかいらない」「消えろ」「寺田を辞めさせてくれ」というアンチコメントがYouTubeのコメント欄に溢れ、堀江さんの運営するメルマガの質問欄にも毎週届くほどでした。「なんでお前がアシスタントについているの?」「辞めたほうがいいんじゃない?」Twitterにも、そういう内容のリプライがたくさん届いたりもしました。

それでもMCを続けられたのは、自分の周りにいる人は私のことを認めてくれたから。

アンチコメントが溢れる一方で、自分の仕事をいちばん近くで見ている人、それこそ堀江さんや周りにいるスタッフさん、知り合いの人は誰も私を否定しませんでした。むしろ、すごいねといつも応援してくれました。

『B.R.CHANNEL』のMCとして起用していただいたのも、ホリエモンチャンネルのアンチコメント最盛期でしたしね（笑）。

目に見えない人からの批判はたくさんあっても、目の前の人たちからの批判はなくて。だったら、**「信じられるのは目の前の人の意見でしょ！」**と思ったんですよね。だから私は、目の前にいる、本質を見抜いてくれているであろう人たちの意見と、自分の進んでいる道を信じてやっていくのみ、でした。

とは言いながら、周りの人の言葉を信じようとする反面、アンチコメントに流されちゃう弱い自分がいることもわかっています。悪口に直面しているときは、余裕とか冷静さって持ち合わせていませんし。

だから少し前まで、『ホリエモンチャンネル』のコメント欄は、あえて見ないようにしていました。

本来だったら、出演した動画を見て、編集のされ方や見え方を確認して、視聴者の反応を見て、次に活かしたいんです。ただ、それを1人で反省しているときにすると、アンチコメントが絶対に見えてきちゃう。そのとき、どうしても落ち込んでしまって、ますます自信がなくなってうまくいかない……という負のループに陥ります。

だから落ち込まないように、コメント欄は極力見ていませんでした。

つまり、アンチから逃げたんです(笑)。

逃げたからこそ、私は一番近くで見てくれている人の言葉を信じることができ、なんとかへこたれずにやってこれました。そうやって続けてきたからこそ、少しずつ改善を重ねて成長することができました。そしていまは、コメント欄に「寺田さんがいてよかった」と応援の言葉をいただけるようにもなったんです。

とはいえ、いまだにアンチコメントがつくことはあります。

いま、私はMC中「堀江さんと視聴者の架け橋になる」という自分の役割と、「目の前にいる人の話にとにかく真剣になること」だけを考えています。

すると、「そんなこともわからないのか、ボケ！」「堀江さんの話が聞きたいのに、寺田がいちいち口を挟むな！」みたいなアンチコメントが来るんです。

そのときは一度深呼吸して、この言葉の本質ってなんだろうと考えるようにしています。考えて納得できれば取り入れたらいいし、的外れであれば無視すればいい。そして、そんな冷静さに欠けてしまいそうだったら、いったん逃げればいい。

いまでこそ、当時のアンチコメントにも納得できるところがあったな、と思うことがあります。私には批判されても仕方がないところがあった。

批判には理由があること、ちゃんとした批判・反対意見には耳を傾けたほうがいいということが、いまならわかります。

でも気をつけたいのは、ただ相手を傷つけたいだけの悪口や、勢い・感情だけの批判と、正当な理由のある批判は違うということ。相手が誰なのかもわからない、理由も書かれていないただの罵詈雑言は、まともに受け止める必要なんてありません。

当時ホリエモンチャンネルに書かれていたコメントも、本質は「堀江さん一人で話している動画が見たい」というものが多数でした。

だとしたら、私を起用して動画を制作している制作陣に、「堀江さん一人の動画の方が需要があると思うので、一人で動画をしたらどうでしょうか?」と意見をすべきではないでしょうか。でも大多数の人は、その意見を「バカ」「死ね」と口にしてしまう。私本人に向けて。それは、本質的じゃないのにめちゃめちゃ鋭い、凶器です。

でも、うまくいっていないときはそんな冷静な判断ができなくなってしまいます。だからこそ私は一度アンチから逃げ、周りの人の声を信じるようにしました。

一番つらいときに、自分を傷つける言葉と向き合う必要はないです。

我慢の先に、幸せがあるとはかぎりません。それなら逃げたほうがよくて。自分が信じられる人の言葉だけ信じたらいいんです。「我慢しなきゃ大きくなれない」は違うなと。理由のしっかりした批判とは、心が元気なときに向き合えばいいです。

逃げることは悪いことじゃありません。へこたれて、ダメな自分のまま潰されてしまうことのほうが、ずっとマイナスだと思うから。

07

タイジリョク

心得❼

反省は1人の居酒屋で

その場はプロとして、やり切る

自分を否定してくるアンチからは逃げたっていい、と書きましたが、「自分を傷つける悪口から逃げる」のと、「自分の失敗と向き合うことから逃げる」のは違います。自分で自分を振り返り、信頼できる周りの人の意見を聞いて、「ここはうまくできなかったな、失敗だったな」と感じたことがあれば、しっかり反省することは必要です。失敗を失敗のままで終わらせず、更にレベルアップするための糧にするんです。

ただし。反省は、本番中にしてはいけません。

本番中に何か失敗をしてしまうと、「しまった……」と落ち込み、その場で反省したくなってしまうと思います。

でも、反省は本番が終わったあとに、1人でやればいい。その場ではプロとしてやり切るべきです。

というのも、本番中に反省を始めると、余計にうまくいかなくなってしまうからです。これを私は身をもって感じてきました。

現場に向かう前に事前準備をして、いろいろな武器を仕込むことはお伝えしましたよね。ただ、それでも的はずれな質問をしてしまったり、相手の言葉をうまく引き出せなかったりと、「失敗した！」と感じることがあって。

そのとき、「どうしよう、怒らせちゃったかも」「今日は自分の言葉が全然ヒットしていないな」と焦ってしまうと、そのことに気を取られて相手の言葉に集中できなくなったり、テンションが下がって暗い空気をつくってしまったりするんです。

その経験があるからこそ、本番中に失敗をしても「いまは反省しちゃダメ！」と心を鬼にして、失敗は1回隅に置いておき、その場を走り続けるようになりました。

そもそも「本番中に失敗したこと」が失敗なんじゃなくて、「その失敗を認めて、乗り越えようとしないこと」が失敗なんだと思います。

だから、失敗を乗り越えるために、本番中は絶対に諦めません。なんとかして番組を面白くしようと、「さっきの言い方でダメなら、この言い方ならどうだ！」と武器を変えながら対応していきます。

そんなふうに目の前の仕事に集中できると、そのそも本番中は反省している暇もなくなります。

ただ、なんとか本番を乗り切っても、失敗を隅に置いたままだと、また同じことを繰り返すことになりかねません。失敗はやはりきちんと反省する時間をつくらなければ、修正していくことができないんです。

大きな失敗はもちろんですが、小さな失敗も同じことです。むしろ小さな失敗ほど記憶に残らず、繰り返してしまいやすいので要注意だったりします。

大小問わず、どんな失敗とも向き合わなければ、より実力をあげることはできません。だから私は、本番の後には「1人で反省する時間」を絶対につくっています。

それをする場所は、知り合いがいない居酒屋さんなど、1人でお酒を飲める場所。最近は自宅が増えましたね。そのとき食べたいおつまみをつくって缶ビールを飲みながら、本番を振り返っては「どんな会話をしたか？」と自分の発言を思い出していきます。

すると、「あの質問はヒットしなかったな」と失敗が思い浮かんで、「じゃあ、この言葉を使えば、もう一歩先の話を聞けるはずだ」と修正する方法を考えることができる。

こうすれば失敗を次に活かすことができて、自分をどんどん伸ばしていけます。

とはいえ、失敗した日ほど、誰かと飲みたくなりませんか？

過去の私もそうだったけど、そんな日に気が知れた人と飲むと、できない自分を守りたくて、ついつい「愚痴」や「悪口」になっちゃったんです。

「相手が○○をしてくれなかったからだ」とか「相手が悪いだけで、自分は悪くない」と誰かのせいにすることで、できない自分を棚に上げていました。

せっかく貴重な失敗をしたのに、また同じ失敗を繰り返して、自分を伸ばせるチャンスを逃してしまってはもったいないですよね。

それに、他人のことを悪く言うと、自己嫌悪に陥り、自分が嫌いになってしまいそうになります。

だからこそ、反省が必要なときほど、1人で飲むようになりました。

過去の失敗を思い出せば、恥ずかしくなったり落ち込んだりするかもしれません。

それでも起きたことと向き合うようにすれば、同じ失敗で恥ずかしくなったり、落ち込んだりしなくて済みます。未来の自分のために、向き合ってあげてください。

明日からできる!「自分」と対峙するための7つの練習

❶意識して笑顔を増やす

いつもより+1回でもOK!

❷寝る前に、仕事でうまくいっている自分を妄想

いっぱい考えて、寝て忘れよう

❸仕事スイッチをつくる

ネクタイやリップなどなんでもOK!
好きな自分が◎

❹自分の見た目や声の特徴を分析

特徴を活かす工夫をしてみよう

❺よく周りから言われる印象を思い出す

それがきっとあなたの素敵なキャラクター

❻褒めてくれる人の言葉を信じる

心ない悪口は無視!無視!

❼仕事のあとに「1人で」振り返る

本番中の反省は不要。でも、振り返らないのは損!

第4章

自分の可能性を広げる ——「夢」との対峙

大きな挫折を経験した私だけど、「理想通りじゃない人生」と向き合う楽しさを見つけました。夢や目標との向き合い方についてお話しします。

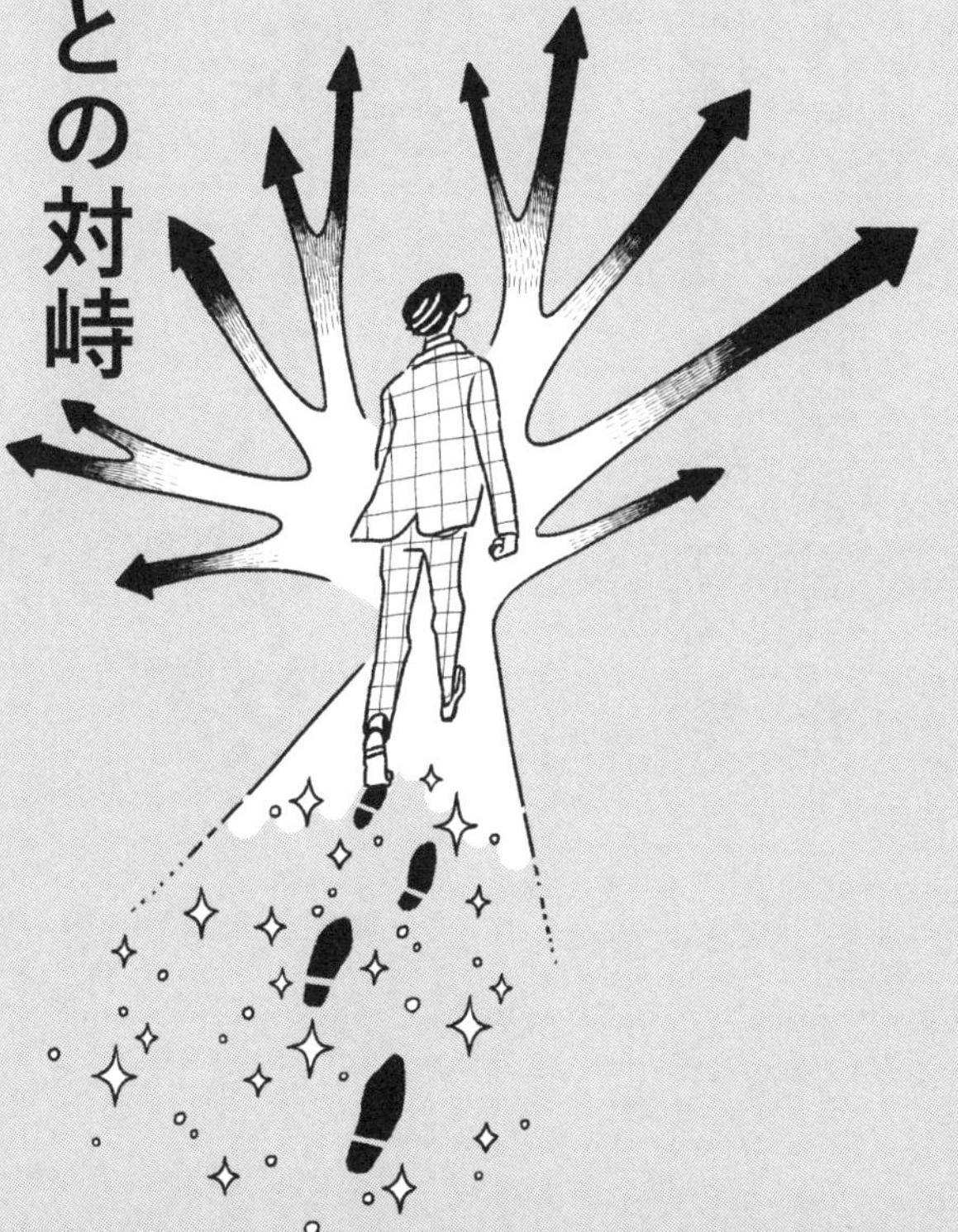

01

タイジリョク

「好きを仕事に」したいなら、違うこともやる

「女優は芝居だけやるべき」と思っていたら仕事が減った

「好きを仕事に」っていうフレーズ、最近よく聞きますよね。

各分野で活躍している人たちを見て、「自分も好きなことを仕事にしたい」と考える人はたくさんいると思います。私も子供のときからドラマや音楽番組を見るのが大好きで、私もあの場所に行きたいと夢見て活動してきました。

ただ、その中で失敗したからこそ、好きなことをしたいとき、気をつけないといけないこともあると知ったんです。

『SPEED』や『モーニング娘。』を見ながら育った私は、「ステージに立つ人はキラキラしていていいな」と憧れを感じて、将来の夢が歌手になりました。いつしかその夢が女優へと変化したんですが、とにかくステージに立つようなキラキラ輝ける仕事に就きたいと、思い続けていたんです。

ただ、当時は閉鎖的な田舎に住んでいたし、メガネをかけていて目立つタイプでもなく、自分の夢を口に出せばいじめられそうで、周りにはなかなか言い出せなくて。

実際小学6年生のときの文集に「将来は歌手になりたい」と思い切って書いたら、クラスメイトから**「寺田が歌手って書いてるぞ!」**と馬鹿にされたりもしたんです。

ただ、中学生になっても夢を諦めることができませんでした。

中学3年生のとき「このまま高校に進学する道もあるけど、そうじゃない道を選ぶなら今年しかない」と思い、スターへの登竜門と言われる2大オーディションを受けてみることにしたんです。

結果、片方のオーディションは二次審査で落選。もう片方は大阪地区のグランプリになって決勝大会まで進むことができたものの、結局、賞を取れずに落選しました。

一度は夢を諦め、進学校の受験を決意しましたが、その後、アイドルの登竜門だった番組のプロデューサーさんに目をかけてもらえたことで、芸能界デビューを果たすことができたのです。

ありがたいことに、そこからの勢いがすごくて。トントン拍子で仕事が決まりました。デビューしてすぐ、週刊ヤングジャンプの『制コレ05』でグランプリを獲得。オーディションを勝ち抜いて朝ドラに出演し、昼の連ドラに出演し、写真集を出したらたくさん売れ……DVDの発売イベントも、会場に入りきらないほどのファンの方が来てくださったりしました。

いま思えば、その17歳のときが人生のピークでしたね。もちろん当時の私は、そのときがピークだなんて知るよしもありません。

デビューするまでギリギリのところで落とされてきた経験があったからこそ、私にとっては、こうした1回1回の成功体験がとても大きいものでした。

だからこそ、「うまくいっているということは、いまのやり方が正しいんだ」と思うようになって。それでまた成功体験が積み重なるもんだから、「自分なりの方法で成功してきたから、誰が何と言おうと、自分のやり方を突き通さなきゃいけないんだ」と、感覚と考え方がどんどん凝り固まっていきました。

気づけば、人の言葉に素直に耳を傾けられない、頑丈な殻に閉じこもった自分ができあがっていたんです。

結果、徐々に仕事は減り始め、いつしか思い描いていた道筋から外れてしまっていました。

もちろん、成功体験や自分の信念を貫くことは大切なこと。だけど、それ以外を全てシャットダウンしてしまって、全く周りが見えなくなったり、周りの意見を聞けなくなってしまうことって、すごく怖いことだなっていまは思います。

たとえばピークが少し過ぎたころ、当時のマネージャーさんから「クイズ番組に出てみない？」と相談されたことがあって。

いま思えば、勉強好きな私の適性を見抜いて、それを活かせるお仕事を持ちかけてくれたんだと思います。いまの自分なら、間違いなく受けています。芸能のお仕事には違いないし、自分に向いているのなら、その経験が自分にとってプラスになると判断できるから。

それなのに当時は、「私は女優だから、芝居以外の仕事はするべきではないんだ。夢が叶いにくくなってしまう」と思い込んでいて、断ってしまったんです。

20代半ばを過ぎると、「これまでの成功体験では通用していた考え方が通用しなくなってきた」と感じる人も多いかもしれませんね。

そんなときほどさらに視野が狭くなって、過去の成功体験を無理に追いかけようとしてしまったり、信念を貫くことにしか目がいかなくなってしまうかもしれません。

夢や目標に向かってがむしゃらに突き進んでいればいるほど、「これ以外はしちゃいけない」とか「ほかのことも始めれば、夢が叶いにくくなる」と思ってしまいがち

です。

そんなときほど、周りから「あなたに合っているんじゃない?」と言われたことは、たとえ理想の道からは外れていても、「やってみようかな」と始めてみる。そんな柔軟性も大切だなと、いま強く思っています。

周りが見抜いている適性は、当たっていることが多いんですよね。違う自分を見つけられたり、仕事の幅が広がったりするかもしれない、可能性の種です。であれば、その意見に耳を傾けて、チャレンジしてみたほうが絶対にいい。

もちろん、なんでもかんでも引き受ければいいということではないけれど、「いままで成功してきたやり方とは違うから」「信じてきた道と違うから」という理由だけでシャットダウンしてしまうのは、もったいないと思うんです。

好きを仕事にしたいときほど、可能性があることは全てやってみる!

でも、新しいチャレンジをするべきかどうか、悩んでしまうのも当たり前です。そんな判断を強いられたとき、ここまでたくさんお伝えしてきた、「自分の理解度」が役に立ちます。**自分を理解できていればできているほど、新しい選択肢を前にして**

も、「自分に合っていそうかどうか」を判断できるんです。

「やったことはないけれど、たしかにできるかもしれない。よし、やってみよう」そんなふうに、新しいチャレンジの手助けをしてくれますよ。

逆に直感で飛び込めないときは、何かが引っかかっているということ。その場合は、何が引っかかっているのか、理由を探す手助けになってくれます。

だから好きを仕事にしたいときこそ、常に自分のことを知ろうとすること。そして、考えが凝り固まらないよう、いろいろな分野の人から客観的な意見に耳を傾けることが大切です。

自分を信じて突き進む信念は大切です。ただ、視野が狭くなってしまうというリスクも高い。それでは、逃すチャンスも多いと知りました。

周りの意見に耳を傾け、その道もありかもしれないと考えてみること。1つではない道を柔軟に歩んでいけることが、自分が本当に目指す場所への近道だったりします。

02

タイジリョク

周りと比べて焦るときこそ、自分の気持ちに素直に

社会人1年目でクビ。時給1000円のバイト時代

私が事務所をクビになったのは、22歳のときです。

何度も言いますが、私は当時の所属事務所に、心から感謝しています。クビ宣告も、私が就職活動をできるようにと、1年間もの長い猶予を与えてくれた上でのものでした。給料だって発生するのに、1年間ですよ。私の人生を考えた上での決断と配慮に、感謝しかありません（そこだけは本当に勘違いしないでくださいね！）。

ですが、契約終了時は22歳。大学を卒業し、同級生たちが社会人1年目として働き始めるという、まさにそのタイミングでした。

同級生が学生しかやっていない時期から仕事をしていたのに、そのタイミングで私は逆にクビ。たった一日で「学生の肩書き」と「事務所の所属契約」と「給料」という、3つを同時に失うことになりました。

当時だって、納得はできないなりにも、事務所の優しさは痛いほど伝わっていました。でも、さすがに辛かった……。

ずっと歩いていた道がいきなり断ち切られて、何が起きたのか理解できなくて。それでも、とにかく食べていかなきゃいけなかったので、フリーランスとして女優を続けつつ、イタリアンレストランでウェイターのアルバイトを始めました。

仲の良かった大学の友人たちは、みんな憧れの職種に就けたり、結婚が決まったりしていて、キラキラとした新生活を始めていました。「人生それぞれなんだから大丈夫」と言い聞かせても、どうしても比べてしまう。

周りと自分を比べては、将来への焦りと不安で、どうにかなってしまいそうな日々でした。

みなさんもそんなふうに、誰かと自分の生き方を比べて、「このままでいいのかな」と焦ってしまうことがあるかもしれません。

そしてその考えは、うまくいっていなければいないほど、強く感じてしまいます。

事務所をやめてすぐの私は、女優としての仕事はないに等しく、時給1000円のバイトに週6日入るような生活。しかもそのバイトでは、「ただのバイト」というより、ウェイターとして成長することが求められていました。そのお店では、1つのテーブルに担当者がついてお客様をアテンドする「ウェイター制」を取り入れていて、サーブやワインを覚えたりする必要があったからです。

そうやってレストランで働く時間が長くなって、ウェイターとして成長していけばいくほど、「あれ、私の職業は何だっけ？」と思うことが増えていきました。自分では「女優だよな」と思っていても、スケジュール帳を開いてみたら「イタリアンレストランのウェイター」としての予定で埋まっている。

そんな葛藤の中で、いまも忘れられない出来事が起こりました。

そのレストランは東京国際フォーラムの近くにあったのですが、あるとき、よく知っている2人が入店してきたんです。

それは、昔、何度も現場についてきてくださったマネージャーさんと、東京に来てからずっと一緒にレッスンを受けていたタレントさんでした。東京国際フォーラムのイベントに出演した帰りだったんですね。

「この子はタレントで、私は店員。私、何やってんだろ……」。ショックと恥ずかしさで消えてしまいたかったです。オーダーミスしてバックヤードで泣いたなあ。懐かしい（笑）。

その直後くらいだったかな。気がついたら1か月で5キロ痩せていました。大学時代は太りすぎていたんで、いま思えばいいダイエットだったんですけどね（笑）。

うまくいっている人と、全くうまくいかない自分。そこからさらに他人と人生を比べるようになって、自分で焦りと不安を増大させていた気がします。

そんな生活を続けて、1年が経過したころ。「舞台に立ってみない？」と、フリーになってからはじめて舞台出演の声をかけてもらって。すると、2～3本立て続けに舞台のオファーが来て、1か月半に1回、本番があるようなスケジュールになりました。

ただ、観客100人前後の小劇場だと、お給料は少ないし、それだけで食べてはいけず。

でも、そのとき直感的に思ったんです。

「立て続けに舞台が決まったこの流れに乗らないと、ただのアルバイトとして生きていくことになる」と。

それで私は、思い切ってバイトを辞めたんです。

当時は貯金も全くなかったし、稼ぐ当てなんてないけど、ただのバイトのまま、芸能から離れて生きていくことが嫌で、アルバイトという保身を捨ててしまおうと。

そう思えたのは、「ファンの人たちを裏切っちゃいけない！」という気持ちが強かったから。そしてやっぱり舞台に立っていたい、女優として生きていたいという気持ちが勝ったから。

フリーになる前、ブログで「女優は諦めません。女優として花を咲かせる夢は叶えるから、これからも応援よろしくお願いします」と書きました。すると、たくさんの応援メッセージをいただいたんです。それを信じて待ってくれているファンの人たちの存在が、私の中にずっとありました。その人たちの期待を裏切りたくなかった。

するとその直後、堀江さんから『ホリエモンチャンネル』のＭＣとして声をかけてもらって、やがて芸能の仕事だけで食べていけるようになりました。

当時の私は周りと自分を比べて焦るあまり、病んでしまったり、自分らしくないことをしてしまったり、迷走していました。

だけどその中で、私はこっちの方向に行きたいんだ、ステージに立ちたいんだ、という自分の希望を嫌というほど再確認することになりました。

貯金も稼ぐ当てもない中、ここぞというタイミングでバイトを辞める決断ができたのは、「この場所は本当に私のいたい場所じゃない」ということがはっきりしていたからだと思います。

人生には「ここぞ」というタイミングで決断しなきゃいけないときがたくさん来ます。そのとき頼りになるのは、自分がどっちの方向へ行きたいのか、という自分の素直な気持ち。

あのときの私は傍から見れば、レストランのアルバイト。でも、「私は女優だ」という自分を見失わなかったからこそ、迷わずに決断できたんですよね。それこそ周りと比べると、かなり危険な決断だったと思います。でもそれが、私の気持ちと生き方の正解でした。

ときには夢を追いかけることを「やめる」という決断も、決して間違いではないと思っています。必ずしも「やめる＝逃げる」ではありません。素直な心が「もうやりたくない。違う世界に行きたい」と言っていれば、やめるのが正解です。

私だって女優を追い続けることが辛かったし、こんなに苦しいならやめてしまおうかと、正直何度も思いました。でも素直な私の気持ちは、「女優をやりたい」と言っていた。よく「フリーで女優を続けられていてすごい」と言っていただくんですが、私が続けられる理由は、それだけなんですよね。

もちろん、先ほどお伝えした通り、「女優になるなら、芝居の仕事以外はしちゃいけない」などといった狭い価値観で可能性を狭めてしまうのは、もったいないと思います。レストランのアルバイトをしていた時間が無駄だったとは思いません。「王道ルート以外は全部回り道」と思っていたら、どこにも進めないから。

ただ、人生の分岐点で判断を間違わないように、進みたい方向だけは見失わないこと。どんなルートであれ、大きな価値観だけは定めておくこと。そのために、「自分は何者でいたいのか」を常に問い続けていること。

そうすれば、途中でどんなに他人と比べて焦ったり迷ったりしたとしても、やがて自信を持って歩める道が見えてくるのだと思います。

勝手に比べた人の人生も、本人にとってはうまくいっているとは思えていない、なんてことも多いですしね。

比べてしまう気持ちは痛いほどわかるし、比べることをやめようと思ってやめられるものではないことも、重々承知しています。

でも、他人と比べるのはやっぱり無駄なことが多い。それなら本当の自分の声に耳を澄ませて、自分に素直になってみてほしいと思います。

03

タイジリョク

人目が気になるのはうぬぼれだった

緊張から解放される、いちばんの方法

自信を持って人と向き合えない人や、何かと緊張してしまいがちな人って、「人の目」を気にしがちです。「嫌われたくない」とか「評価されたい」と思うあまり、無意識のうちに「みんなが私のことを気にしているから、少しも失敗できない……」と、自分で自分を縛っていませんか？

でもたいていの場合は、誰もあなたのことを見ていません。あなたが「失敗した！」と思うことでも、相手は全く気づいていない、なんてことも多々あります。多少注目されたとしても、一晩寝ればたいていのことは忘れてしまいます。

だからこそ、「周りからどう思われているんだろう？」と人目を気にして怖がるのは、無駄なことだと気がついたんですよね。

私がものすごく人目を気にする人間だということは、繰り返し触れてきました。特に、自分に対して否定的な目線には敏感です。『ホリエモンチャンネル』にアンチコメントが書き込まれることも、私にとっては大事件でした。少しでも否定的なコメントが来ると、「私はダメなやつだ。何もできない人間なんだ」と落ち込んで。そのうち、世の中全ての人から注目され、一挙一動を否定的に見られているような錯覚に陥り、

「怖い。何もしたくない……」と思った時期もありました。

ただ、堀江さんや戸賀さん、千場さんをはじめ、いままでゲストで来てくださった方など、たくさんの著名人と接していくうちに、それはうぬぼれだと気づいたんです。

そもそも、私が出演する動画の再生回数は多くても数百万回。私のＳＮＳのフォロワー数は数万人。

それに対して、動画が数千万回も再生されている人や、数百万人のフォロワーがいる人も、世の中にはたくさんいます。その分だけ批判されたり悪意をぶつけられたりもする有名人が、各分野の最前線で戦っているんです。

それなのに、世の中全ての人から注目されて、批判されているような気になっていたのは、うぬぼれだったなって思ったんです。実際は想像よりも全然見られていないわけですし、街だって、変装なしで余裕で歩くことができますし(笑)。

あなたが自分に必死なように、みんな自分のことで精一杯なんです。

それに気づいたら、昔より失敗が怖くなくなりました。仕事の場で「みんなが私のことを見ているから、１つの失敗が命取りになっちゃう」と過度に自分を追い込んだり、緊張して失敗したりすることもぐっと減りました。

「みんな、私のことなんか気にしてないよ。失敗したって大丈夫、大丈夫！」と考えて臨んだ方が、いいパフォーマンスを出せます。肩の力が抜けて、目の前の仕事に120％打ち込むことができるんです。

まずは、「見られている」と感じるのはうぬぼれだと知る。これが、緊張から解放されるいちばんの方法であり、どんな状況でも自信を持って臨めるようになる奥義です。

04

タイジリョク

夢も大事。でも、必要とされる場で活躍できることは幸せ

Will・Can・Mustとの向き合い方

「将来の夢は何ですか？」。そう聞かれたとき、目を輝かせながら「憧れの職業に就きたい」「5年後には起業して夢を叶えたい」と夢を語る人をたくさん見てきました。夢があれば、毎日の生活にも張り合いが生まれますよね。私も歌手や女優になりたくて、その夢に向かって走り続けてきました。何度も言いますが、もちろんいまだって女優として活躍をしたいと思っています。

ところで、**「やりたいこと（Will）・できること（Can）・やるべきこと（Must）」**という考え方があるのはご存知ですか？

かつて私はこの3つは同じものだと思っていました。好きこそものの上手なれ。自分がやりたいことこそできることで、やるべきことなのだと。

でも、いまではこの3つは、違うものとして、分けて考えています。

……ということを考えていたら、Will・Can・Mustは自己分析に使われるフレームワークで、リクルートの従業員の目標管理でも使われているということを知って驚きました（笑）。

私が「やりたいこと（Will）・できること（Can）・やるべきこと（Must）」を分ける考えに行き着いたのは、これまでの人生で「思い描いていた道」を辿ってこれなかった感覚があるから。

振り返れば、私の人生は「こんなはずじゃなかった」の連続でした。

事務所に入り、「スター街道を駆け上がることができる」と思って上京したら、オーディションに合格できないことが増え、どんどん仕事がなくなっていき、最後は事務所をクビになったわけですから。

そのとき、事務所の方から、ある言葉を掛けられたんです。

「有希をタレントとしてではなく、マネージャーとしてなら欲しい」。

この言葉が、私の「やりたいこと」と「できること」、そしていま「やるべきこと」は違うのかもしれない、と気づくきっかけでした。

タレントの仕事がなくなったのは、前述の通り、自分の努力が足りなかったことや、その方向を間違えていたことも大きな要因です。ですが、いま思えば、それ以上に本質的な要因があったのかもしれません。その方は私の本質をすでに見抜いていたんだと思います。支える側が向いていると。

でも、私はそれを受け入れられなくて、「そんなはずはない、私はスターになれるんだ」と本気で思っていたし、「ギャフンと言わせてやる！」とも思っていて。だから、フリーになってからも「いまはとにかくできることをやらなきゃ」と、できることをやり続けてきました。

ただ、その結果、わかったんです。私は「人前に立つ仕事には向いていると思うけど、スター性はないのかもしれない」って。

「圧倒的な感性が周囲や世間に支持されて、どかーんと売れて、一気にスターに駆け上がる！」みたいなタイプじゃないって気づいたんです。そもそも私は本当は台本を欲しがるタイプの保守的な性質なわけですから（笑）。

そんな私は、「支えられて世に出ていく」側ではなく、そういう人を「支える」側の方が合っていると気づきました。

それに気づいたときは、正直、すごく悲しかったです。

ただ、「支える人」としての自分に出会えてよかったなと思います。自分の力を発揮でき、求められている場所があることは幸せなことだと気づけたから。何より、その場所にいるいまが楽しいんですよね。

いまも、こうして本を書くことができていますが、実は昔から本を出すことに憧れていたんです。

過去に歩いてきた道を振り返ってみると、「全然理想とは違う！」とも思うけれど、私はその時々で「やるべきこと（Must）」に対して、「できること（Can）」をやり続けてきた。そうしたら、いくつかの「やりたいこと（Will）」に到達できた。だから、「想像していた道は走ってこなかったけど、それでもいいじゃん」と思えます。これが私の歩くべき道だったんだなって。

いまは、「私を必要としてくれる人に貢献しながら、笑って楽しく歩いていければいい」と思っています。

たとえ遠回りになってもいいから、まずは「やるべきこと（Must）」に対して、「できること（Can）」をたくさんしていくことで、「いまが楽しい」「これをやりたい」と思えることを積み重ねていく。その先に、「やりたいこと（Will）」を実現できればいいなと思うんです。

最終的にやりたいことを実現できれば、そこに辿り着くまでの道順は関係ありません。

大切なのは、最後までくじけないように楽しく進み続けることです。

05

タイジリョク

「キャリアの逆算」で仕事を選ぶ時代は終わった

いまの幸せを積み重ねていくことが、10年後の幸せ

『ホリエモンチャンネル』には、「こんな夢があるんです！　どうしたら近づけると思いますか？」といった質問がたくさんくる一方で、「どうしたら夢は見つかりますか？」とか「やりたいことがわかりません」といったコメントも同じくらいたくさん来ます。

でも私は、やりたいことが見つからないなら、それでいい。無理して見つけようとしなくていい、と思っています。

これまでの時代は、「理想像から逆算して、キャリアを形成していくこと」が当たり前だったかもしれません。だからこそ、理想の将来像を明確に持っていないといけない、と焦ってしまうのかもしれませんね。

でも、キャリアを逆算で考える時代はもう終わっているんじゃないでしょうか。

いま、大企業の部長さんぐらいの世代では、「10年後の理想像を目指して、3年後にはこのキャリア、5年後にはこのキャリアを積んでいこう」とキャリアを逆算して考える人が多いイメージです。企業に就職して、上の役職を目指す。そういう働き方が主流だったからこそ、将来をイメージしやすかったんでしょう。そう考えると、キャリアの逆算も納得できます。

だけど、いまの時代って本当に何が起きるかわからないですよね。「1つの会社の中で安定して働いて、年功序列で出世して、老後は退職金と年金で悠々自適」……そんな人生設計はすでに崩壊した。そのようなこともあちこちで散々言われています。

それなのに、キャリアの逆算が当たり前だった人たちに育てられた世代は、子供のころから「将来の夢は何?」と聞かれ続けて、「将来の夢は持たなきゃいけないもの」と考えるようになっている。時代・働き方は確実に変わっているのに、です。

私も「次の目標は何ですか?」「憧れの女優さんは誰ですか?」と聞かれ続けてきた人生です。雑誌の取材とかでも、そんなのばっかり。

正直なところ、それが嫌だったんですよね。私は「芸能界」「女優」という夢はあったけれど、5年後10年後の明確な理想像だとか、目標みたいなものは当時から持っていませんでした。それでインタビューでうまく答えられずにいると、まるで目標を持っていないことが「悪」みたいに感じてしまう。「みんなが持っている、だから自分も持っていなきゃいけない」と感じることが、すごくプレッシャーでした。

いまでも、いろんな人が「将来の目標は何？」「キャリアプランは？」と口を揃えて言うけど、「その質問って必要なのかな？」と正直疑問です。

理想像を決めても、その通りになれるとはかぎりません。むしろ、なれないことのほうが多いですよね。

だったら、**ひたすら目の前の仕事を全うして、失敗したら少しでも改善して、を繰り返しながら必死に進んで、ふと振り返ったら、いつのまにかキャリアが積み上がっている。**そういう生き方のほうが幸せなんじゃないかと思います。

だって、常に目の前の仕事に全力で向き合っていたら、スキルアップしないわけがない。「スキルを身につけよう！」とか「経験を得よう！」とか「人脈を築こう！」とか考えるまでもなく、全部自然とついてきますよね。

夢や目標、キャリアプランがないことをプレッシャーに感じる人がいるなら、私は「夢、いる？」「目標、いる？」って言いたいです。もし持っていないことをプレッシャーに感じるくらいだったら、そこから逃げたっていいんです。

それに、私みたいにたまたま夢を持っていたとして、5年後のキャリアを考えていまの仕事を選ぶようなことはしなくていい。

1つ1つ目の前のことを積み重ねていたら、結果として成長している。前に進んでいる。自分の生き方を肯定できている。夢を持っていたなら、そこに近づいている。そういうものだと思うんです。

堀江さんも「将来の夢なんか、いま叶えろ」と言っているけれど、「将来」「いつか」を夢見ていまを過ごすことにあまり意味はない時代です。

それは、いつ、どう世の中が変わってしまうかわからないというネガティブな意味もある。けれど同時に、「やってみようかな、どうしようかな……」とくすぶっている間もないくらい、いますぐやりたいことを叶えられるようになった。そんなポジティブな意味もあります。

たとえばアイドルになりたいとき、これまでだったら芸能事務所を探したり、オーディションを受けたりするだけでも、たくさんの時間と労力が必要でした。

でも、いまでは動画サイトやSNSに歌ったり踊ったりした動画をいくらでもアップできて、事務所に入っていなくても自己表現できて、ファンを集めることだってできます。

そんなふうに、やりたいことをすぐ叶えることもできる時代だからこそ、余計に数十年後の理想像は持たなくてもいいんじゃないかな、と思うんです。

日々の楽しいを積み重ねていくことで、きっと「もっとやりたい」が見つかる。自分の気持ちと才能に素直になれれば、それだけでいいんじゃないでしょうか。

そのためにも自分自身と向き合い、周りからの「これが得意なんじゃない？」という言葉にも耳を傾け、まずは自分に「できること（Can）」を知って、「やるべきこと（Must）」をしていく。

そうやってキャリアを楽しく積み重ねていった先に、素晴らしい未来が待っているんじゃないかな、と最近はよく思うんですよね。

5年後10年後どうあるべきかを逆算して考えて、いまの行動を決める時代は終わりました。

目の前のことに必死になっていれば、なんとかなります、人生！

06

タイジリョク

フリーランスはかしこく、貪欲に

いきなり夢を叶えてくれた営業法

泣く泣くフリーランスの女優として活動せざるをえなくなって、いつのまにか9年が経ちました。芸能界でも、事務所から独立する人が増えてきましたよね。ほかにもさまざまな業界で、独立という言葉をよく耳にします。

「ついにこの時代がやってきたか」。最近、よくそんな気持ちになります。

私がフリーとして歩んできた経験を振り返ってみると、「知名度がないなりのやっていき方」というものがあったなと思うことがあります。そこで、小心者で人見知りな私でも実践できたフリーランスの営業法を、書いておこうかなと思います。

私もまだまだ道半ばですし、莫大な時間をかけて、やっとこの場所に来られました。だから、これからお伝えすることがどんな人にも正しいというわけではないですが、少しでも参考になれば幸いです。

私が思うフリーの強みって、ずるがしこさ・貪欲さを全面に出しても、いやらしく見えないこと、だと思うんです。

22歳でフリーでの活動をスタートさせた私でしたが、タレントとしての仕事がほとんどない状態で、テレビ局や制作会社に自分を売り込む必要がありました。

とはいえ、当時はそれが難しい状況でした。

タレントの営業は、テレビ局や制作会社などにマネージャーさんが「タレントのプロフィール」を持っていく方法がメジャーです。

ところが、私がフリーになったあたりから、テレビ局のセキュリティがより強化されて、「関係者だけが持てるパス」がないと局に入れなくなったんです。

ましてや、当時はフリーランスが世の中にまだまだ浸透していない時代です。フリーだと、パスをつくることができず、中に入ることさえできませんでした。

従来の営業ができなかったんです。


ただ、それでも営業しなければ仕事はもらえない。だから私は、「テレビ局にプロフィールを持って行くことだけが営業なのかな?」と考え直してみたんです。

それで思いついたのが、会った人片っ端から、「フリーで活動しているのでお仕事をください」と伝えるというもの。関係者の飲み会はもちろん、一般の友達と飲むときなんかでも、常に言うようにしていました。

「業界の人に営業するだけが営業じゃない」と思ったんですよね。

私のプロフィールを持った友達が、どこか別の場所で「イベントの司会を探しているんだよね」という話を聞いたとき、「あれ？　そういえば、寺田がＭＣできると言っていたぞ」と思い出して、そのプロフィールを渡してくれるかもしれない。

数打ちゃ当たるだろうと思って、しばらくこんな営業を続けていました。

この方法って、全然かっこよくはないじゃないですか。貪欲すぎるし、正攻法じゃないから嫌がる人もいるだろうし、本来はやらないべき方法かもしれません。

でも受け入れてくれる人だって、ちゃんといます。それにフリーだと、なんだか許される空気があると思うんですよね。普段は敬遠されてしまいそうなやり方でも、フリーだと「がんばってるね」「偉いね」というプラス評価になったりする。それを武器として使う、そんなずるがしこさだって必要です。

実際このやり方で、いろいろなお仕事につながっていきました。

そのひとつが、２０１８年のメジャーデビューです。

あるとき、過去に共演した女優さんから、「有希ちゃん、このラジオ番組に出てみない？」と声をかけてもらいました。

それはラグビー日本代表の元コーチで、ラグビー業界で有名な大西一平さんのレギュラー番組。よくよく話を聞いてみたら、彼女のお父さんが大西さんの先輩で、そのつながりで彼女がゲスト出演したそうです。

紹介してもらった私は、さっそくラジオの打ち合わせに行ったんです。するとそこで大西さんが、「ストリートラグビーのテーマソングが欲しいんだよね」とぽろっとおっしゃったんですよね。

当時は、大西さんがラグビー未経験者でもプレーできるニュースポーツ「ストリートラグビー」の活動を始めて1年くらい経ったタイミングでした。ストリートラグビーをさらに普及させようと、テーマソングが欲しかったみたいです。

できることはなんでもやろうと思っていた私は、ちょうどそのころ音楽活動に力を入れていて。作詞作曲をしたり、ワンマンライブをしたり、精力的に歌手活動をしていたんです。

だからその言葉を聞いた私は「いまだ！」と思って、「じゃあ、書かせてくださいよ」と言って、番組の収録当日、本当に書いて持っていったんですね。

すると、それがそのままテーマソングになって、1年後にはシングルとして発売されることになり、歌手としてメジャーデビューすることになりました。

こんなふうに「みんなが思い描くメジャーデビューへの道」を辿らなくても、自分で頭を使いながら、泥臭くも行動したことで、小さいころからの夢をいきなり叶えることができた。そのとき、「道筋ってどうでもいいんだな」と改めて思ったんですよね。

メジャーな方法で夢を叶えたほうがかっこいいし、美しいことは私だってわかっています。だけど、私が泥臭く叶えた夢までの過程が「楽しくなかったか？」と聞かれたら、楽しかったんです。何より、最終的に夢が叶っているから、それでいいと思っています。

ただ！　いつでもどこでも、貪欲さとずるがしこさが受け入れられるわけではありません。私のこの営業方法には気をつけてほしいことがあります。それは、仕事の話をしたくないモードの業界人同士の飲み会など、ビジネスの話が敬遠されそうな場面では、具体的な話をアピールしないほうがいいということ。嫌われてしまっては意味がないので、その辺りはちゃんと空気を読みましょうね。

でも、そういう場面でもできる裏ワザ営業方法があって。それは、自分の夢を語るということ。「私、こういうことが夢なんですよ」「●●になりたいんです！」と雑談の中で楽しく話す。仕事が欲しいという姿勢ではなく、あくまで無邪気に夢を語る。それだけでも、印象をつけることができるんですよね。どこかでご縁がめぐってくる可能性がグッと高まります。

やりたいことを実現する方法は、ひとつではありません。たとえ、かっこ悪いと思われそうな方法でも、どこかで道はつながっていくものです。

07

タイジリョク

応援してくれる人を10人探す

有名だけが正解じゃない

個人でもいろいろなことを実現できるようになった世の中。大きな組織の力に頼らず何かを実現したいと思ったら、応援してくれる人＝ファンの存在は必要不可欠です。

特に私のように芸能系の仕事や、クリエイティブ系の仕事をしている人などは、個人につくファンの存在がそのまま仕事につながります。ＳＮＳのフォロワー数や拡散力で、役に立つかどうかを判断されてしまうようなこともあります。

「業界で名の知られている○○さんみたいに、自分も有名にならなきゃ」というプレッシャーの中で働いている人もいるかもしれません。フォロワー数の獲得に必死な人も多いと思います。でも、フォロワーが1人増えたり減ったりするたびに一喜一憂する日々は、しんどいものですよね。

かくいう私も、スター女優を目指してきたわけですから、「みんながテレビで見るような有名人になることが正解で、自分もそうならなきゃいけない」と思っていました。

けれどフリーになったとき、いままでと同じ土俵で戦うのは無理だと悟りました。

営業のところ（226ページ）でもお話ししましたが、自分を売り込むために使える武器だって違うんだから、戦う土俵が変わることも当たり前です。

でもどうしても有名人と比べてしまっては、注目度の高い大きな舞台にいけない自分や、数百万人のファンがいる大きなコミュニティをつくれない自分を卑下してしまったりします。

でも、それぞれに求められる場所、そしてできることがあるんだから、必ずしも「有名」であることが正解ではないし、誰もが知っている有名な場所だけが戦場ではないと、気づいたんですよね。

まずはどんなに小さなこと、ニッチなことでもいいから、自分にできることをやって、それを応援してくれる人を10人探す。そして、「その人たちを楽しませよう」と考えて必死に行動する。そのほうがずっと確実で幸せです。そして意外にも、それが夢への近道なんじゃないかと考えるようになりました。

個人で運営するYouTubeチャンネルは、基本的に運営者が1人でMCもこなすことになります。だからMCって基本的にいないし、必要がないんですよね。ただ、テレビ番組みたいにMCがあったほうがうまく進行できるチャンネルも中にはあります。ホリエモンチャンネルを通してそれを知った私は、「テレビ番組のMCは飽和状態だけど、ここなら戦えるかもしれない！」と思いました。

だからこそ、『B.R.CHANNEL』から声をかけてもらえたとき、ギャラもあまり聞かずに、「やります！」と即答したんです。

そうやってニッチな市場を中心にし始めたとき、何人ものプロデューサーさんやテレビ局の方から、「絶対に事務所に入ったほうがいい」「そんな方法はうまくいかないよ」と言われました。「そんなことしてたらテレビに出れないよ」って。

たしかにテレビへの出演機会はなかなかありませんが、小さなコミュニティで応援してくれる人たちを大切にしてきたことで、いまもこうしてバイトに頼ることなく食べていけています。昨年、念願のドラマ復帰も果たせましたし！　めちゃくちゃちょい役ですが（笑）。

たとえニッチな市場であっても、世の中的に全然有名じゃなくても、「寺田有希というエンターテインメント」を楽しんでくれる人がいる。まずはそれに気づけたことに感謝しているし、戦える場所を大切にし、がむしゃらにがんばれることが嬉しくて、幸せなんですよね。

有名人だらけの「メジャーな市場」で戦おうとして苦しくなるより、広く知られていない「ニッチな市場（隙間市場）」でも応援してくれる人を、まずは10人探したほうがいい。そしてその人たちを大切にしていったほうが、自分も周りも幸せにしながら生き残っていけると思っています。

そしてそのがんばりが、きっとあなたを憧れていた場所に連れていってくれます。

私もまだ、夢を諦めていませんよ！

明日からできる！「夢」と対峙するための5つの確認

❶「夢」や「理想の10年後」にとらわれていない？

いまやるべきこと、できることも大切
積み重ねの先に未来がある！

❷素直な自分の声を無視していない？

周りと比べて不安なときほど、
自分の本音に耳を澄ませる

❸「やめる」という決断を恐れていない？

「やめる＝逃げる」じゃない
ときにはやめることだって大切

❹1つの成功ルートにこだわっていない？

他にもゴールにたどり着く道は絶対にある！
その道がきっと、あなたにとっての近道

❺応援してくれる人を大切にできている？

なぜ応援してくれているのか？
そして、もっと応援される存在になるには？

終章

対峙力で開ける、新しい未来

人生の転機はいつやってくるかわかりません。あなたにチャンスが訪れたとき、「対峙力」が自信を持って飛び込むための支えになりますように。

01

タイジリョク

刑務所での再会。そして人生の分岐点

舞台『クリスマス・キャロル』が終わった直後、堀江さんの収監が決まりました。そして、数か月後に入所。そのあと私は所属事務所からのクビ宣告を受け、のちに事務所を辞めることになります。

堀江さんから「面会に来て」と言われていた私は、ごあいさつしに伺いました。そして、自分の現状報告をしましたが、事務所からクビ宣告をされているということは最後まで言い出せませんでした。「いまの堀江さんには、元気の出ることしか言っちゃいけない」と思っていたからです。

「手紙を書いてね」と言われ、何回か書こうとしたけど、どうしてもマイナスな言葉しか出てこない。5行くらい書いてはクシャクシャに丸めて捨てることを繰り返していました。

そういうわけでしばらく隠していた私の現状は、思わぬところから知られることになりました。堀江さんが差し入れで受け取った週刊誌に、私のセミヌードが載っていたんです。

堀江さんからすれば、手紙も来ないし、「あいつ、何しているんだろうな。生きているのかな」と思っていたぐらいだった私が、事務所を辞めたという報告もなく、いきなりフリーになってセミヌードを出しているわけで。

堀江さんは私が水着のグラビアですら断っていたことを知っていたから、「**えーっ！　どうした寺田！**」と相当驚いたみたいです。

堀江さんが出所したあとに会うことになり、それまでの経緯を全て話しました。そしてその半年後くらいに、いきなり「**寺田、YouTubeを始めるから、お前がアシスタントをやれ**」とMCに抜擢されたんです。

いま思うと、女優業ではなくバイトに日々明け暮れ、くすぶっていた私にただただ手を差し伸べてくださったんだと思います。

そして、MCなんて未経験だった私がそれを引き受けたのは、「とにかくやってみよう。やってみたら何かが変わるかもしれない」と思ったから。

当時はほかの仕事がほぼなかったし、バイトが本業になっている生活に焦りを感じていました。「女優になりたい。芸能の仕事で食べていきたい」と強く思っていた私は、表に出る仕事なら、芝居じゃなくたってチャンスだと思ったんです。

そうやって思い切って飛び込んでみたら、『ホリエモンチャンネル』だけじゃなく、ジャーナリストの堀潤さんとのニコニコ動画『ホリエモンのコズミック論だん』など、堀江さんがレギュラー出演する番組にアシスタントとして出させてもらえるようになりました。

バイトもやめることができました。芸能の仕事だけで食べていくという一つの目標を叶えることができたんです。

ただ、本音を言うと、声をかけてもらえてすごく嬉しかった反面、出所したての堀江さんのアシスタントになるのは正直怖かったです。だって、堀江さんは至るところで叩かれていたし、リスクも大きかったから……。

実際、キャンセルになったお仕事も何本かあります。

当時、フリーとして営業する中で、いくつか単発のお仕事をもらっていました。ところが、「堀江さんと共演していると、世間的なイメージが良くないから」という理由で、決まっていたテレビ出演が突然キャンセルになる、なんてこともありました。テレビのお仕事がキャンセルになったのは、やっぱりショックでした。「これで本当に大丈夫かな?」と、正直何度も思いました。

それでもMCを続けようと思ったのは、堀江さんの「これからはYouTubeが来る」という言葉を信じることができたから。堀江さんは、本当にブレなかった。「これからの時代はYouTubeが来るから、フリーとして生きていくなら、テレビよりもYouTubeのほうが絶対にいい」と言っていたんです。

その言葉が信じられると思ったし、そして何より、一度引き受けた以上、まずは全力でがんばってみようと思いました。

掴みかけた夢から遠ざかり、まさに人生のドン底でくすぶっていたとき、過去のご縁からいただいたチャンス。それは動画のMCという全く予想外の仕事でした。

成功するかどうかもわからなかったけど、あのとき瞬発的に飛び込めたこと、そしてそのときの自分の判断を信じて継続し続けられたこと。

そのおかげで、いまがあるんだと思っています。

02

タイジリョク

尊敬する人を1人挙げるなら…

この本を手にとってくださった人の中には、「自分に自信はない。だけど、自分の好きなことで活躍している人や、時代を切り開いていくスターのような存在に憧れがある」という人が多いかもしれません。

憧れの人に近づくための教科書がほしくて、成功者の著書やインタビュー記事を熱心に読んだりしているかもしれませんね。

かくいう私も、その1人です。だからいまも、堀江さんやゲストで来てくださる人の話を「やっぱり、みなさんすごいな」と憧れながら聞いています。

ゲストの中には、まだ名前が売れていない人や、事業が軌道に乗っていない人もいますが、それでも目標に向かう姿はきらきらと輝いて見えるし、「目標に向かってまっすぐですごいな、かっこいいな」と、憧れの気持ちがますます強くなるんです。

そんな中で思うことがあります。

尊敬する人を1人に絞る必要はない、ということです。

当たり前のことだけど、意外とできていなくて、大切なことだなと思うんです。思い返せば過去の私は、「尊敬する人」を1人、決めなきゃいけないと思っていました。

そして、その人を目指さなくてはいけないと思い込んでいました。というのも、仕事のインタビューで「尊敬する人は誰ですか?」とよく質問されていたんです。あとは「目標とする女優さんは誰ですか?」とか。私、いつもうまく答えられなくて。でも周りの子たちはみんなパッと答えるんですよね。難しい質問なはずなのに。

だからすんなり答えられないのは恥ずかしいことだと思って、いつも無理やり1人、捻り出していました。そして、「私は○○さんを尊敬しているんだ!　目指さなきゃいけないいんだ!」と、思い込んでいました。

でも、フリーになって9年の間に出会った人たちのおかげで、「尊敬する人は1人でなくてもいいんだ」と思えるようになりました。だって、みんなすごいんですもん。それぞれにすごいところがあるから、1人なんて選べない。「それなら、みんなのことを尊敬すればいいやん」って。さまざまな分野の人とたくさん出会うことで、そう思えました。

スキルに優劣をつけるんじゃなくて、「この人は◯◯がすごい」「あの人は□□がすごい」。「みんなそれぞれにすごいでいいやん」って。

尊敬されるべきが、必ず著名人・有名人である必要もありません。

私をどん底から救い上げてくれた堀江さん、『B.R.CHANNEL』で私のことを頼りにしてくださる戸賀さんや干場さん、そしてゲストに来てくださった著名な方々のことはもちろん、心から尊敬しています。ですが、尊敬すべき方々はそれだけじゃない。有名じゃなくても、道半ばでも、裏方さんであっても、みんなにすごいところがある。それを素直に尊敬すればいいんだと。

こういうことを考えながら過去を振り返ってみると、以前の所属事務所の方々も、本当に尊敬すべき方たちばかりだったなと思うんです。

私の才能を誰よりも信じて、意見を尊重し続けてくれた初代マネージャーさんも、心を鬼にしてクビ宣告をし、今ではご飯に行こうと誘ってくれる当時の部長さんも、仕事が減り始めてからも必死に仕事を探し、支え続けてくれたマネージャーさんたちも……それぞれにすごいところばかりです。

本当は、当時からこのことに気づき口に出しておくべきでしたが、やっと気づけた人生だからこそ、現在私を支えてくださっている方たちのことは、たくさん尊敬し、伝えていきたいなって思います。

フリーになって自分自身と向き合ったからこそ、自分の長所に気づくことができました。それと同時に、自分に足りないところもたくさん見つかった。だから、自分に足りないものを持っている人を、素直に尊敬できるようになったんですよね。

尊敬という言葉は重いからこそ、身近な人も含めて誰かを尊敬できるって、とても素敵なことだと思うんです。みんなが自分と対峙することで、お互いを素直に尊敬しあえる世の中になったらいいなと、心から思っています。

03

タイジリョク

人と、自分と向き合えば、新しい道が見えてくる

世の中にはすごい人がたくさんいます。個人が活躍できる時代、ＳＮＳの普及で簡単に人とつながれる時代だからこそ、そういうすごい人がたくさん登場するし、目にする機会も増えました。

時代を切り開くスターが登場するたびに、ついつい自分と比べてしまって、そういうふうになれない自分に落ち込んでしまい、自信を持って振る舞えない。そんな人も多いのではないでしょうか。私も根はそういう考え方をしているので、すごく気持ちがわかります。

実際、これまでにたくさんの大物と会ってきました。ＩＴやＳＮＳ界で有名な方にはほとんど会ったことがあるんじゃないかと思ってしまうくらい（笑）、西野亮廣さんに中田敦彦さん、前田裕二さん、ＨＩＫＡＫＩＮさんなどなど、挙げていくときりがありません。

そんな方々と会うたびに、「みなさんはこんなにすごいのに、どうして私は……」と、一回落ち込んでは、「私もがんばらなきゃ！」と、未だになんとか気持ちを奮い立たせている毎日です。

そうやって大物と呼ばれる人たちと対峙する日々を過ごす中で、気づいたことがあります。

それは、一人ひとりのスキルに優劣はつけなくていい、ということ。

誰かのすごいところを、あなたが持たなければいけないわけではありません。あなたのすごいところは、ほかにある。それぞれが「あなたはこんなところがすごいよね」と言われる長所を1つでも持っていればよくて。

いまのあなたは、あなたで十分すごいんです。自信が持てないのは、そのことに自分で気づいていないだけ。

自分の才能に気づくことができれば、それがあなたの対峙力になります。

対峙力を持って、いろいろなことに挑戦していきましょう。いろいろな人と本気で向き合っていきましょう。

まずは自分の長所を見つけるために、自分自身と対峙してみてください。

そして、「求められること(Must)」に対して、「できること(Can)」をたくさんしていく。その先に、「やりたいこと（Will）」への道がつながっているはずです。あなただけの、あなたが通るべき道が。

私もまだ、その道の途中にいます。

あとがき

「寺田さんの本、つくりましょうよ！」

全ての始まりは去年の末、『ホリエモンチャンネル』の収録現場でかけてもらったこの一言でした。

正直このときは、社交辞令としか思っていなかったんです（笑）。

でも今年の1月、新R25の記事が出たことで、周りの環境が一気に変わり始めました。歯車が回りだすとは、まさにこのこと。本当に何気なく受けたインタビューが話題となり、あの一言から一年後の現在、私は本のあとがきを書いています。

本ってさまざまな人生に触れさせてくれる、とはよく聞くけれど、裏を返せばそれは、さまざまな人生を表現し残せるってことで。生き方や考え方を言語化することで、誰かの人生を手助けできるかもしれないんですよね。私にもそれができるかもしれないと思えたことが、ただ真っ直ぐに、超不器用にしか生きていけない私の人生に、大きな意味を追加してくれた気がして……。

全てのきっかけを作ってくださった新R25のライターサノさん、編集天野さん、撮影長谷さん、編集長の渡辺さん。『対峙力』に全力を尽くしてくださった、クロスメディア・パブリッシングの小早川社長、編集担当戸床さん、マーケティング菅さんと三橋さん、広報板敷さん、編集協力の流石さん。私に本という「希望」を与えてくださって、本当にありがとうございました。

そして、その希望を手にとってくださった全てのみなさま、寺田有希に出会ってくださった全てのみなさまにも、心からの感謝をお伝えします。不器用な人間だからこそ、たくさんの愛と優しさに気づける人生だった気もするんです。

本当に、本当に、ありがとうございます。

最後になりましたが、本編でもお伝えした通り、私にしか歩けない道を歩いているからこそ、応援してくださっているみなさまにしてみれば、「女優として思い描いた道を歩いてくれない」と、そんなふうに感じてしまうかもしれません。でも、みなさまがいてくれるから私は歩いていけるし、まだまだ夢を諦めていないことは紛れもない事実です。一見特殊な道ですが、これからもともに歩んでくださることを、心から祈っています。

【著者略歴】

寺田有希（てらだ・ゆき）

ベンチャー女優・タレント・司会。1989年生まれ。大阪府堺市出身。明治大学文学部文学科演劇学専攻卒業。2004年芸能界デビュー後、2012年芸能事務所との専属契約を終了して独立。YouTubeチャンネル「ホリエモンチャンネル」や「B.R. channel」等でMCを務めるほか、自ら作詞・作曲したストリートラグビー公式応援ソング『さあ いこう』で歌手として日本コロムビアよりメジャーデビューするなど、多岐にわたり活動。7年以上「ホリエモンチャンネル」のアシスタントMCを務め、堀江貴文氏をはじめ、数々の著名人のトークを回し続けている。

対《たい》峙《じ》力《りょく》

2020年12月11日　初版発行
2020年12月21日　第2刷発行

発行　**株式会社クロスメディア・パブリッシング**

発行者　小早川幸一郎
〒151-0051　東京都渋谷区千駄ヶ谷4-20-3 東栄神宮外苑ビル
https://www.cm-publishing.co.jp
■本の内容に関するお問い合わせ先 …………………… TEL (03)5413-3140／FAX (03)5413-3141

発売　**株式会社インプレス**

〒101-0051　東京都千代田区神田神保町一丁目105番地
■乱丁本・落丁本などのお問い合わせ先 ……………… TEL (03)6837-5016／FAX (03)6837-5023
service@impress.co.jp
（受付時間　10:00～12:00、13:00～17:00　土日・祝日を除く）
※古書店で購入されたものについてはお取り替えできません

■書店／販売店のご注文窓口
株式会社インプレス　受注センター ……………………… TEL (048)449-8040／FAX (048)449-8041
株式会社インプレス　出版営業部 ……………………………………………………… TEL (03)6837-4635

ブックデザイン　金澤浩二
DTP　荒好見
印刷・製本　中央精版印刷株式会社
カバー・本文イラスト　坂本奈緒
編集協力　流石香織
ISBN 978-4-295-40483-5 C2034